Anonymous

Canadischer Familien-Kalender für das Jahr 1892

Anonymous

Canadischer Familien-Kalender für das Jahr 1892

ISBN/EAN: 9783743483507

Hergestellt in Europa, USA, Kanada, Australien, Japan

Cover: Foto ©ninafisch / pixelio.de

Manufactured and distributed by brebook publishing software (www.brebook.com)

Anonymous

Canadischer Familien-Kalender für das Jahr 1892

Canadischer Familien Calender

für das Jahr

1892

Mit mehreren Illustrationen.

Besonders berechnet nach den Breitegraden von Berlin, Ont., und Winnipeg, Manitoba, von W. R. Ibach.

——3. Ausgabe.——

Druck und Verlag von Hett & Eby,
Berlin, Ontario.

Inhalts-Verzeichniß.

Calendarium.

	Seite.		Seite.
Januar	2	Juli	26
Februar	6	August	30
März	10	September	34
April	14	Oktober	38
Mai	18	November	42
Juni	22	Dezember	46

Unterhaltendes und Geschäfts-Anzeigen.

	Seite.		Seite.
Alberta	47	Gildner, Henry	48
Assiniboia	44	Graf Hellmuth v. Moltke	24
Ader, W. H. & Co.	62	Grand Trunk Eisenbahn	13
Berlin Chemical Co.	71	Grebenstein, M.	64
Berliner Kohlen-Depot	72	Guelph Geschäfts-Collegium	17
Base & Zauborn	49	Hartung, Chas.	48
Bluthe Charles	Umschlag Seite 3	Hett & Eby	Umschlag Seite 2
Das alt Schulhaus an der Krid	65	Kranz, C. & Sohn	73
Das Gewissen	28	Lackner, Dr. H. G.	48
Der Kirchgang in alter Zeit	69	Laodicea	58
Der Saskatchewan	44	Linden, John	9
Der stille Kompagnon	31	Macdonald, Sir John A.	27
Die alt Miehl	68	Manitoba	44
Die Canadian Bank of Commerce	72	Northrop & Lyman Co.	8
Die Canadische Pacific Eisenbahn	44	Ontario Pump Co.	17
Die romantischste Eisenbahn-Linie in der Welt	29	Pequegnat, Paul	32
Die sieben Kirchen in Asien	51	Pergamus	54
Dierlamm, Rev. H.	Umschlag Seite 2	Philadelphia	56
Ein Blatt aus der Geschichte Canadas	15	Regulationen für Heimstätten	21
Eine Aromatische Tasse Kaffee	49	Sardes	56
Eine schreckliche Reise durch die Canadische Wildniß	8	Schunker, C.	70
Ephesus	51	Smyrna	53
Rennell, John	64	The Berlin Piano Co.	63
Rutford & Co., Brockville	Umschlag Seite 4	The Dominion Life Assurance Co.	70
Ries, Wolfhard & Co.	72	Unter dem Schatten des Felsengebirges	50

Diphtheria.

Dierlamm's Diphtheria- und Croup-Medizin

ist ein zuverlässiges Mittel gegen diese gefährlichen Krankheiten. Sie heilt, wenn richtig gebraucht, ohne ärztliche Nachhülfe 9 aus 10 Fällen.

In jeder Familie

sollte sie s. m. zum Gebrauch in Zeit der Noth. Die allerbesten Zeugnisse liegen vor. Gegen Einsendung eines Dollars ($1.00) wird ein Fläschchen per Post versandt. Frage in den Apotheken dafür oder man wende sich ohne Verzug an

Rev. H. Dierlamm,
St. Jakobs, Ont.

Agenten werden verlangt.

Deutsche und Englische Buch- & Job-Druckerei,

von

HETT & EBY,
BERLIN, Ont.

Alle Arten Druckarbeiten, vom größten Buch bis zur feinsten Karte, werden schnell, geschmackvoll und zu mäßigen Preisen ausgeführt.

Im Besitz von mehreren Schnellpressen moderner Construktion, sowie einer reichen Auswahl Zierschriften des neuesten Schnittes, setzt uns in den Stand, die schönste Arbeit in kürzester Zeit zu liefern.

Canadischer Familien-Calender.

Die vier Jahreszeiten.

BERLIN.
Frühlings Anfang den 19. März, um 10 Uhr 3 Minuten Abends
Sommers Anfang den 20. Juni, um 6 Uhr 5 Minuten Abends
Herbst Anfang den 22. September, um 8 Uhr 40 Minuten Morgens
Winters Anfang den 21. December, um 3 Uhr 4 Minuten Morgens

WINNIPEG.
—um 8 Uhr 47 Minuten Abends.
—um 4 Uhr 49 Minuten Abends.
—um 7 Uhr 24 Minuten Morgens.
—um 1 Uhr 48 Minuten Morgens.

Vom Thierkreise.

Der Thierkreis ist diejenige Bahn am Himmelsgewölbe, welche sowohl von der Sonne, als auch von dem Monde und den Planeten in eigener Bewegung zurückgelegt wird. Man theilt ihn in den 12 Zeichen, welche jeder dieser Himmelskörper nach und nach durchwandert, und zwar die Sonne in einem Jahre, der Mond in einem Monate und die Planeten in unregelmäßigen Zeiträumen. Diese Zeichen sind:

Widder   Zwillinge   Löwe   Wage   Schütz   Wasserm.
Stier   Krebs   Jungfrau   Skorpion   Steinbock   Fische.

Bewegliche Feste.

Septuagesima Sonntag Feb. 14.	Quadragesima Sonntag März 6.	Pfingst-Sonntag Juni 5.
Sexagesima " " 21.	Palmsonntag April 10.	Trinitatis-Sonntag " 12.
Quinquagesima " " 28.	Charfreitag " 15.	Frohnleichnamsfest " 16.
Fastnacht März 1.	Ostersonntag " 17.	1 Advent Sonntag November 27.
Aschermittwoch " 2.	Himmelfahrt Mai 26.	Sonntage nach Trinitatis sind 23.

Vom Mondlauf.

Der Mond erscheint uns in seinem Laufe in folgenden Gestalten:

Neumond   Erstes Viertel   Vollmond   Letztes Viertel

Quatember Tage.—März 9, Juni 8, September 21, December 21.

Von den Finsternissen.

Es gibt im Jahre 1892 vier Finsternisse, zwei an der Sonne und zwei am Monde.

Die erste, welche am 26. April, um 3 Uhr 57 Minuten Nachmittags, stattfindet, ist eine totale Sonnenfinsterniß, unsichtbar in Nord-Amerika, sichtbar auf dem südlichen Stillen Ocean, Neu-Seeland und theilweise im westlichen Theile von Süd-Amerika.

Die zweite ist eine partiale Mondfinsterniß und zwar am 11. Mai um 5 Uhr 59 Minuten Abends, unsichtbar in Canada, in einem Theile sichtbar dagegen in den Ver. Staaten von Nord-Amerika. Der Anfang der Finsterniß ist meistentheils sichtbar im westlichen Asien, in Europa, Afrika und auf dem östlichen Theile vom Atlantischen Ocean; das Ende derselben größtentheils in Arabien, Europa, Afrika, auf dem Atlantischen Ocean, in Süd-Amerika und in einem kleinen Theile der östlichen Grenzländer Nord-Amerikas.

Die dritte ist eine partiale Sonnenfinsterniß und findet am 20. October um 12 Uhr 18 Minuten Mittags statt. Sie ist sichtbar in Nord-Amerika, auf dem Atlantischen Ocean und im nördlichen Theile von Süd-Amerika. Ihre Dauer beträgt 4 Stunden und 42 Minuten. Die Sonne wird an ihrem oberen Theile beinahe 11 Zoll verfinstert.

Berlin.	Winnipeg.
Anfang 10 Uhr 59 Minuten Vormittags.	Anfang 9 Uhr 43 Minuten Vormittags.
Höhep. 1 " 20 " Nachmittags.	Höhep. 12 " 4 " Mittags.
Ende 3 " 41 " Nachmittags.	Ende 2 " 25 " Nachmittags.

Die vierte, am 4. November um 10 Uhr 47 Minuten stattfindende, ist eine totale Mondfinsterniß, die hier im Anfange unsichtbar ist. Sie ist meistentheils sichtbar im nordwestlichen Theile von Nord-Amerika, auf dem Stillen Ocean, in Asien und im westlichen Theile von Europa. Das Ende derselben ist größtentheils sichtbar im nordwestlichen Theile vom Stillen Ocean, in Australien, Asien, Europa (mit Ausnahme von England und Spanien) und im östlichen Theile von Afrika.

Morgen-Sterne.
Venus nach 9. Juli.
Mars nach 4. August.
Jupiter bis 4. März, nach 12. October.
Saturn nach 16. März, bis 25. September.
Mercur bis 6. März, nach 19. April; bis 20. Juni, nach 25. August; bis 7 October, nach 11. December.

Abend-Sterne.
Venus bis 9. Juli.
Mars bis 4. August.
Jupiter nach 4. März, bis 12. October.
Saturn bis 16. März, nach September 25.
Mercur nach 6. März, bis 19. April; nach 20. Juni, bis 25. August; nach 7. October, bis 11. December.

Der erste Monat Januar 1892.

Wochen Tage.	M. T.	Feste und Namenstage.	Kalender für Berlin, Ontario. Sonnen Auf-	und Untergang	Mond A. u. U.	Mondes-Viertel, Aspekten der Planeten, 2c.	Kalender für Winnipeg, Man. Sonnen Auf-	und Untergang	Mond A. u. U.	M. T.	Monds Zeichen
Freit	1	**Neu Jahr**	7 36	4 24	6 23	☌ ♀ ☽ ♀ g. u. 6 44 Ab. ⌣	7 56	4 4	6 12	4	♒ 13
Samst	2	Abel, Seth	7 35	4 25	7 23	⊕ in Perihelion.	7 56	4 4	7 13	4	♒ 28
1) Sonntag nach Neu Jahr. Matth. 2, 13-23. 1 Pet. 4, 12-19.						Christi Flucht nach Egypten. Tagesl.	Berlin, 8 S. 42 M.	Winnipeg, 8 S. 8 M.			
Sonn	3	Enoch	7 35	4 31	8 39	♀ gr. Hel. Lat. S.	7 56	4 4	8 29	5	♓ 13
Mont	4	Isabella	7 34	4 26	9 39	☌ ♃ ☽ ☿ gr. Hel. Lat. N.	7 56	4 4	9 29	5	♓ 27
Dienst	5	Simeon	7 34	4 26	10 52	☽ in Per. ♃ g. u. 9 41 A.	7 56	4 4	10 42	6	♈ 10
Mittw	6	**H. 3 Könige**	7 33	4 27	Morg	☽ 6. ♄ g. a. 11 11 Ab.	7 55	4 5	Morg	6	♈ 23
Donn	7	Isidor	7 33	4 27	12 41	♀ g. u. 6 59 Abends.	7 55	4 5	12 45	7	♉ 5
Freit	8	Erhard	7 32	4 28	1 54	☿ Stillstand.	7 55	4 5	1 59	7	♉ 17
Samst	9	Julianus	7 31	4 29	3 2	♂ g. a. 2 57 M. ☽ in ☊	7 54	4 6	3 5	7	♉ 29
2) 1. Sonntag nach Epiphani. Luk. 2, 41-52. Römer 12, 1-16.						Jesus als Knabe im Tempel. Tagesl.	Berlin, 8 S. 58 M.	Winnipeg, 8 S. 12 M.			
Sonn	10	Pauli Eink.	7 31	4 29	4 24	♂ ♆ ☽ ♄ Stillstand.	7 54	4 6	4 29	8	♊ 10
Mont	11	Hyginius	7 30	4 30	5 34	Achernar süd 6 8 Morg.	7 53	4 7	5 38	8	♊ 22
Dienst	12	Reinhold	7 29	4 31	6 54	Aldebaran süd 8 51 A. ⌢	7 53	4 7	6 58	9	♋ 4
Mittw	13	Hilarius	7 28	4 32	☽ g. a.	○ 13. ♃ g. u. 9 16 Ab.	7 52	4 8	☽ g. u.	9	♋ 16
Donn	14	Felix	7 28	4 32	5 37	Sirius süd 10 56 Ab.	7 51	4 9	5 27	9	♋ 27
Freit	15	Maurus	7 27	4 33	6 6	♄ g. a. 10 15 Abends.	7 50	4 9	6 0	10	♌ 10
Samst	16	Marcellus	7 26	4 34	7 22	♀ g. u. 7 17 Abends.	7 50	4 10	7 12	10	♌ 22
3) 2. Sonntag nach Epiphani. Joh. 2, 1-11. Röm. 12, 7-16.						Hochzeit zu Cana. Tagesl.	Berlin, 9 S. 10 M.	Winnipeg 8 S. 20 M.			
Sonn	17	Antonius	7 25	4 35	8 24	♂ g. a. 2 48 Morgens.	7 50	4 10	8 14	10	♍ 5
Mont	18	Franklin	7 24	4 36	9 23	Regulus g. a. 7 20 Ab.	7 49	4 11	9 13	11	♍ 18
Dienst	19	Sarah	7 23	4 37	10 18	☌ ♄ ☽ ♀ g. a. 5 45 M.	7 48	4 12	10 8	11	♎ 1
Mittw	20	**Fab. u. Seb.**	7 22	4 38	11 23	☽ in Apo. ☉ tritt in ♒	7 47	4 13	11 13	11	♎ 14
Donn	21	Agnes	7 21	4 39	Morg	☾ 21. ♃ g. u. 8 54 Ab.	7 46	4 14	Morg	12	♎ 27
Freit	22	Vincent	7 20	4 40	12 34	☌ ♅ ☽ ♄ g. a. 9 51 A.	7 45	4 15	12 38	12	♏ 10
Samst	23	Emerentius	7 19	4 41	1 38	♀ g. u. 7 37 A. ☽ in ☋	7 44	4 16	1 40	12	♏ 24
4) 3. Sonntag nach Epiphani. Matth. 8, 1-13. Röm. 12, 17-21.						Vom Hauptm. zu Capernaum. Tagesl.	Berlin, 9 S. 24 M.	Winnipeg, 8 S. 34 M.			
Sonn	24	Timotheus	7 18	4 42	2 42	☌ ♂ ☽ ♂ g. a. 2 43 Mo.	7 43	4 17	2 44	13	♐ 9
Mont	25	Pauli Bek.	7 17	4 43	3 46	7* süd 7 9 Abends.	7 41	4 19	3 46	13	♐ 24
Dienst	26	Polykarpus	7 16	4 44	4 46	□ ♅ ☉ ♄ g. a. 9 19 A. ⌣	7 39	4 21	4 49	13	♑ 9
Mittw	27	Fr. Chrisost.	7 14	4 46	5 46	☌ ☿ ☽ Spica g. a. 11 7 A.	7 38	4 22	5 50	13	♑ 24
Donn	28	Carolus	7 13	4 47	6 40	☿ in ☋ Cano. süd 9 48 A.	7 37	4 23	6 45	13	♒ 8
Freit	29	Valerius	7 12	4 48	☽ g. u.	● 29. ♃ g. u. 8 30 Ab.	7 36	4 24	☽ g. u.	14	♒ 23
Samst	30	Adelgunde	7 11	4 49	6 23	Capella süd 8 16 Ab.	7 35	4 25	6 13	14	♓ 7
5) 4. Sonntag nach Epiphani. Matth. 8, 23-27. Röm. 13, 8-10.						Jesus im Schiff. Tagesl.	Berlin, 9 St. 40 M.	Winnipeg 8 St. 52 M.			
Sonn	31	Virgilius	7 10	4 50	7 21	☌ ♀ ☽ ♀ g. u. 8 16 A.	7 34	4 26	7 11	14	♓ 27

Mondwechsel.

	BERLIN U. M.	WINNIPEG U. M.
Erstes Viertel	6, 7 56 Abends	6, 6 40 Abends
Vollmond	13, 10 10 Abends	13, 8 54 Abends
Letztes Viertel	21, 10 26 Abends	21, 9 10 Abends
Neumond	29, 11 22 Vorm.	29, 10 6 Vorm.

Muthmaßliche Witterung.

Den 1 2 3 schön, 4 5 6 7 8 kalt und frostig, 9 10 Schnee, 11 12 veränderlich, 13 hell, 14 15 Schnee, 16 17 18 hell und kalt, 19 20 21 frostig, 22 23 24 kälteste Tage, 25 26 27 veränderlich, 28 26 30 Sturm, 31 schön.

hat 31 Tage.

Notiz-Calender.
1
2
3
4
5
6
7
8
9
10
11
12
13
14
15
16
17
18
19
20
21
22
23
24
25
26
27
28
29
30
31

Eine schreckliche Reise durch die canadische Wildniß.

Wer heutzutage Canada bereist, der kann sich nur freuen über Alles, was er in diesem herrlichen Lande sieht von dort, wo der blaue St. Lorenzstrom hinausmündet in den brausenden Ocean bis hin an den Fuß der Felsengebirge, über deren schneeigen Kuppeln der Kondor seine gewaltigen Schwingen entfaltet. Ueberall findet der Reisende volkreiche Städte, herrliche Farmen, glückliche Menschen und ein reich entfaltetes Geschäftsleben.

Anders aber war es noch vor hundert Jahren. Unabsehbare Waldungen von Laub- und Nadelholz bedeckten fast das ganze Land, unterbrochen nur von langen Strecken undurchdringlicher Cedernsümpfe, in denen der Bär, der Wolf, der Luchs und die Wildkatze sicheren Versteck fanden, während nur hier und da in weiten Zwischenräumen kleine Ortschaften aus dem Urwald hervorlugten. Schon aber begannen muthige Pioniere mit gewuchtiger Axt und starken Armen ihren Angriff auf die Jahrtausende alten Waldriesen, um auf dem neu eroberten Grund und Boden ihr Blockhaus zu errichten und die ersten, spärlichen Ernten zu ziehen.

Am Rande dieser großen Wildniß, hoch oben im Norden, in der Provinz Quebec, lebte im Jahre 1784 ein canadischer Pionier Namens Robert Forbes, dem es bestimmt war, die schrecklichen Erfahrungen zu machen, die den Gegenstand dieser Skizze bilden und die, wenn auch nicht dem Wortlaut, so doch dem Inhalte nach seine eigene Beschreibung sind. Dieselben wurden vor vielen Jahren zuerst unter folgendem Titel veröffentlicht: „Wahre Erzählung von den Begebenheiten und den außerordentlichen Leiden des Robert Forbes, seiner Frau und 5 Kindern während einer unglücklichen Reise durch die Wildniß von Canada nach dem Kennebeck Fluß im Jahre 1784, in welcher drei ihrer Kinder verhungerten. Von ihm selbst erzählt."

Die Niederlassung, die Forbes als Wohnsitz für sich und seine Familie, bestehend aus Frau und 5 Kindern, gewählt hatte, trug den Namen „Nouville Bois" und war am Chaboresfluß gelegen. Er war ursprünglich aus den Ver. Staaten in die canadische Wildniß eingewandert; bald aber fand er, daß ihm das Leben in diesem neuen Lande und unter seinen französischen Nachbarn wenig behagte, und so faßte er den

Entschluß, Canada wieder Valet zu sagen und in die Ver. Staaten zurückzukehren. Kaum war seine Absicht unter seinen Nachbarn bekannt geworden, als sich auch schon drei Männer erboten, der Familie als Führer und Begleiter zu dienen. Zwar wurde Forbes eindringlich gewarnt, jenen Männern nicht zu trauen; doch verschloß er diesen Warnungen sein Ohr und schloß mit den erwähnten drei Männern, deren Namen Midstaff, Panckuchen und Christian waren, einen Kontract ab, demzufolge sie die Familie Forbes für eine nicht unbedeutende und im Voraus zahlbare Geldsumme innerhalb von zwölf Tagen mitsammt ihren ganzen Habseligkeiten durch die canadische Wildniß hindurch und in die Ver. Staaten nach einer am Kennebecfluß gelegenen Ansiedlung befördern sollten. Wieder und wieder wurden Forbes Vorstellungen gemacht und ihm gesagt, die von ihm engagirten Männer seien unzuverlässig; in den schrecklichsten Farben wurde ihm beschrieben, welch Schicksal ihn ereilen würde, falls er von seinen Führern in der Wildniß beraubt und verlassen werden sollte; von allen Seiten beschwor man ihn, eine günstigere Gelegenheit für seine Uebersiedelung zu erwarten; doch leider blieb er allen diesen Vorstellungen gegenüber taub und trat am 17. März 1784 die für ihn so verhängnißvolle Reise an. Bald sollte er erfahren, wie begründet die Befürchtungen seiner Freunde waren und in welche Tiefe des Elends er durch die Habgier seiner verrätherischen Führer gestürzt werden würde.

Die kleine Karawane, die an jenem noch winterlichen Tage die Reise durch den pfadlosen Urwald antrat, bestand aus den drei Führern, Forbes und seiner Frau, einem 12jährigen Sohn und vier kleineren Kindern. Letztere, sowie sämmtliches Gepäck der Familie, wurden auf Indianerschlitten befördert, während alle übrigen Personen die lange Reise zu Fuß und zwar auf Schneeschuhen zurückzulegen gedachten.

Unter zahllosen Schwierigkeiten und Strapazen, aber ohne besonderen Unfall wurden die ersten acht Tagereisen zurückgelegt. Am Morgen des neunten Tages jedoch mußten sie den Fluß, dessen Lauf sie bisher verfolgt hatten, verlassen und betraten sie nun ein Terrain, das so zerklüftet, felsig und rauh war, daß die Schlitten nur mit unsäglicher Mühe weiter gebracht werden konnten. Endlich sogar mußte vollständig Stillstand gemacht werden, und erklärten die Führer, daß es unmöglich sei, die Reise in der bisherigen Weise weiter fortzusetzen.

Sie schlugen jedoch vor, gerade dort, wo sie Halt gemacht hatten, ein Zelt für Frau Forbes und die Kinder aufzuschlagen, in dem dieselben zurückbleiben sollten, bis die Baggage ein Stück weiter befördert sei; dann wollten sie kommen und die Frau und Kinder nachholen. Dieser Rath mußte wohl oder übel angenommen werden, das Zelt wurde mitten im Urwald aufgeschlagen, die Frau richtete sich mit ihren Kindern so gut wie möglich in demselben ein, und die Führer beluden sich mit dem größten Theil der Lebensmittel und des übrigen Gepäckes und traten in Begleitung von Forbes den Weitermarsch an. Es war am Morgen des 26. März 1784, als sich die beiden Partieen trennten. Im einsamen Urwald mit ihren Kindern zurückbleibend, sah die Frau die Männer von sich scheiden, die nun dem Meconickpond, auch Chadoresee genannt, zumarschirten, von wo sie am nächsten Tage wieder zurückkehren wollten. In Folge der zahlreichen Schwierigkeiten, die sie zu überwinden hatten, erreichten sie den See erst am 27. März, Nachmittags um 3 Uhr. Nachdem sie hier ihr Gepäck niedergelegt hatten, machten sie sich auf, einen alten Indianer aufzusuchen, der auf der anderen Seite des Sees wohnte und ihnen als weiterer Wegweiser dienen sollte. Als sie jedoch seinen Wigwam erreichten, fanden sie denselben verlassen und halb verfallen und traten sie ermattet und entmuthigt den Rückmarsch zu ihrem Gepäck wieder an, wo sie die Nacht über campirten.

Der nächste Tag brach an. Es war ein Sonntag. Wie mit Diamanten übersät funkelte der Wald rings umher im Lichte der Morgensonne, feierliche Stille herrschte im ganzen Walde, nur in weiter Ferne erscholl das heisere Geheul eines Rudels Wölfe, die wahrscheinlich einem Moosthier nachsetzten und von dunklen Ahnungen und Befürchtungen erfüllt, erhob sich Forbes von seiner kalten Lagerstätte. Nach einem hastig eingenommenen Frühstück forderte er seine Führer auf, sogleich mit ihm aufzubrechen und die wartende Familie nachzuholen. Doch niederschmetternd lautete die Antwort der Führer. Sie hätten keine Lust mehr, als Gepäckträger zu dienen, sagten sie und würden ihren Weg allein fortsetzen. Forbes legte sich aufs Bitten, dann aufs Drohen. Alles war vergeblich. Was vermochte er, der Einzelne, gegen die dreifache Uebermacht? Verzweifelnd sah er, wie seine räuberischen Führer sich mit dem werthvollsten Theil seiner Habe und dem größten Theil der Lebensmittel beluden und dann unter höhnischem

Canadischer Familien-Calender.

Gelächter im dunklen Walde verschwanden. Alles, was sie Forbes außer einigen werthlosen Sachen ließen, war eine Axt, eine alte Flinte und zwei Laib Brod. Wie seine Nachbarn prophezeit hatten, so war es nun geschehen. Mit gebrochenem Herzen saß Forbes eine Zeitlang da; wehmüthige Thränen rannen über die Wangen des sonst so tapferen Mannes und trauernd fragte er sich, was würde nun aus seinem Weibe und seinen kleinen Kindern werden, die allein, ohne Lebensmittel und entkräftet von den langen Strapatzen unmöglich den Marsch durch den winterlichen, bahnlosen Urwald zurücklegen konnten.

Abends kam er bei seiner Familie wieder an. Die canadische Grenze lag acht Tagereisen hinter ihnen und die nächste Ansiedelung konnte nicht weniger als 150 Meilen entfernt sein. Den Weg fortzusetzen war unmöglich, auch wenn sie die Richtung gewußt hätten und mit Lebensmitteln ausgerüstet gewesen wären; denn die Frau war kaum noch im Stande, sich weiter fortzuschleppen und wie wollte der eine, auch bereits ermattete Mann sie und die vier Kinder durch die eisige, unwirthliche Wildniß forttransportieren? Ebenso unmöglich war es, wieder zurückzukehren. So saßen sie berathschlagend den Tag über in ihrem kleinen Zelt fern von aller menschlichen Hülfe. Nur das eine sahen sie klar ein: ob sie blieben, wo sie waren, ob sie zurück- oder vorwärts gingen,—überall erwartete sie ein und dasselbe Schicksal, der Tod durch Erschöpfung, Erstarrung und Hunger in der endlosen, canadischen Wildniß. Welch' entsetzlicher Gedanke für die verzweifelnden Eltern.

Da plötzlich fiel ein leuchtender Hoffnungsstrahl in das Herz des bedrängten Vaters. Vielleicht war der alte Indianer, den sie treulosen Führer gesucht hatten, doch irgendwo in der Nähe. Ihn wollte er suchen. Fand er ihn, so waren sie vielleicht doch nicht verloren. Fänden sie ihn nicht, dann freilich blieb ihnen nichts anderes übrig, als sich niederzulegen in den glitzernden Schnee und dort ihr Leben zu beschließen im winterlichen Urwald.

Am nächsten Morgen wollten sie nach dem Chadoresee aufbrechen. Aber ach,—während der Nacht erhob sich ein so entsetzlicher Sturm, daß an einen Aufbruch nicht zu denken war. In Strömen rauschte der Regen hernieder, der sich bald in prasselnden Hagel verwandelte; heulend umtoste der wilde Sturm das schwankende Zelt und mächtige Stämme rings umher stürzten donnernd zu Boden, während drinnen im kleinen Zelt durchnäßt, hungernd, frierend und zitternd die Familie saß, deren letztes Hoffnungslicht nun erloschen schien.

Doch endlich legte sich der Sturm und entschloß sich nun die Familie, nach Chadoresee aufzubrechen. Was sie nicht unbedingt brauchten, ließen sie zurück; dann nahm die Mutter das eine Kind bei der Hand, während der Vater zwei der Kleinen und der älteste Sohn das andere Kind auf Handschlitten vorwärts zogen. So ging die Reise dem Süden zu, aber nur langsam, unter unsäglichen Strapatzen kamen sie voran und fast verzweifelt erreichten sie endlich das Ufer des Chadoresees, wo wenige Tage zuvor Forbes von seinen schurkischen Führern so schmählich im Stich gelassen worden war.

Am nächsten Tag machte sich der Vater mit dem ältesten Sohn auf, um den Wigwam des alten Indianers noch einmal zu besuchen und von dort aus ihre Suche nach ihm zu beginnen. Der Wigwam war verlassen, aber als sie rathlos vor demselben standen, sahen sie plötzlich in ganz geringer Entfernung eine Rauchwolke über den Bäumen sich kräuseln, und wußten sie nun, daß nicht weit von ihnen doch Menschen waren. Mit eiligen Schritten gingen sie vorwärts in der Richtung, in der sie den Rauch gesehen hatten; bald hörten sie eine menschliche Stimme und wenige Minuten später standen sie zu ihrem Entzücken vor einer menschlichen Wohnung. Sie hatten wirklich den alten Indianer, den sie so lange gesucht, und der Jean Baptiste hieß, gefunden. Er wohnte dort mit seiner alten Squaw in einem bescheidenen Wigwam, aber diese schlichte Behausung dünkte Forbes und seinem Sohn ein Palast. Schnell hatten sie den Indianern ihre kummervolle Geschichte erzählt und bald machten sie sich auf, die Frau und Kinder zu holen, die nun bei den treuen, alten Waldbewohnern liebevolle Aufnahme, Speise und Pflege fanden und fröhlich hofften, alle ihre Noth sei nun beendet.

Die freundlichen Indianer luden die Familie ein, bei ihm zu bleiben, bis sie sich erholt hätten, und als sie endlich glaubten, ihre Reise fortsetzen zu können, versah er sie mit Lebensmitteln und führte sie durch den Urwald bis an den Kennebeck Fluß, an dem die Ansiedlung gelegen war, die Forbes erreichen wollte. Rührend war der Abschied zwischen dem gastfreundlichen Indianer und der Familie, die ihren bisherigen Wirth und seine brave Squaw mit den größten ihrer noch vorhandenen Habseligkeiten, die sie doch nicht mitnehmen konnten, beschenkten. Nach der

Der zweite Monat Februar 1892.

Wochen Tage.	M. T.	Feste und Namenstage.	Kalender für Berlin, Ontario. Sonnen Auf- und Untergang		Monds A. u. U.	Mondes-Viertel, Aspekten der Planeten, ꝛc.	Kalender für Winnipeg, Man. Sonnen Auf- und Untergang		Monds A. u. U.	☉	Monds Zeichen
Mont	1	Ignatius	7 9	4 51	8 30	☽ in Per Sir. süd 9 39 ☋	7 32	4 28	8 21	14	♈ 8
Dienst	2	**Maria Rein.**	7 7	4 53	9 40	♂ g. a. 2 36 Morgens.	7 30	4 30	9 51	14	♈ 18
Mittw	3	Blasius	7 6	4 54	10 48	♃ g. u. 8 15 Abends.	7 28	4 32	10 40	14	♉ 1
Donn	4	Veronica	7 5	4 55	11 51	♄ g. a. 8 55 Abends.	7 26	4 34	11 43	14	♉ 13
Freit	5	Agatha	7 3	4 57	Morg	☽ 5. ♀ g. u. 8 7 A. ☽ in ☊	7 28	4 35	Morg	14	♉ 25
Samst	6	Dorothea	7 2	4 58	1 4	☌ ♀ ♃ ☌ ♆ ☽	7 24	4 36	1 6	14	♊ 7
6) 5. Sonntag nach Epiphani. Matth. 13, 24-30. Cor. 3, 12-17.						Vom Weizen und Unkraut.	Tagesl. Berlin, 9 S. 58 M. Winnipeg, 9 S. 16 M.				
Sonn	7	Reichard	7 1	4 59	2 12	☿ in Aphelion. ☊	7 22	4 38	2 14	14	♊ 19
Mont	8	Salomon	6 59	5 1	3 16	Orion süd 8 22 Abends.	7 21	4 39	3 18	14	♋ 0
Dienst	9	Apollonia	6 58	5 2	4 17	♅ Stillstand.	7 19	4 41	4 19	14	♋ 12
Mittw	10	Cajus	6 56	5 4	5 20	♂ g. a. 2 30 Morgens.	7 18	4 42	5 23	14	♋ 24
Donn	11	Euphrosina	6 54	5 6	6 23	♃ g. u. 7 52 Abends.	7 16	4 44	6 26	14	♌ 6
Freit	12	Eulalia	6 53	5 7	☽ g. a.	🌕 12. ♀ g. u. 8 17 Ab.	7 13	4 47	☽ g. a.	14	♌ 19
Samst	13	Castor	6 51	5 9	5 25	Spica g. a. 10 7 Ab.	7 11	4 49	5 15	14	♍ 2
7) Septuagesima. Matth. 20, 1-16. 1 Cor. 9, 24-10, 5.						Von den Arbeit. im Weinberg.	Tagesl. Berlin, 10 S. 20 M. Winnipeg, 9 S. 40 M.				
Sonn	14	Valentin	6 50	5 10	6 18	♄ g. a. 8 14 Abends.	7 10	4 50	6 8	14	♍ 18
Mont	15	Fastinus	6 48	5 12	7 13	☌ ♄ ☽ ♆ Stillstand.	7 9	4 51	7 4	14	♍ 28
Dienst	16	Julianus	6 47	5 13	8 14	♃ g. u. 7 40 Abends.	7 8	4 52	8 8	14	♎ 11
Mittw	17	Constantia	6 46	5 14	9 14	☽ in Apo. Reg. s. 11 58 A.	7 6	4 54	9 9	14	♎ 24
Donn	18	Concordia	6 45	5 15	10 9	☌ ♅ ☽ ♂ g. a. 2 13 M.	7 4	4 56	10 1	14	♏ 7
Freit	19	Susanna	6 44	5 16	11 10	☉ tritt in ♓ ☽ in ☋	7 2	4 58	11 2	14	♏ 21
Samst	20	Eucharius	6 43	5 17	Morg	☾ 20. ♀ g. u. 8 41 A.	7 0	5 0	Morg	14	♐ 5
8) Seragesima. Luk. 8, 4-15. 2 Cor. 11, 19-12, 9.						Von vielerlei Acker.	Tagesl. Berlin, 10 S. 38 M. Winnipeg, 10 S. 4 M.				
Sonn	21	Eleonore	6 41	5 19	12 22	Rigel süd 6 49 Abends.	6 58	5 2	12 26	14	♐ 19
Mont	22	Serenus	6 40	5 20	1 42	☌ ♂ ☽ ♄ g. a. 7 39 A.	6 57	5 3	1 46	14	♑ 4
Dienst	23	Lazarus	6 38	5 22	2 51	Spica g. a. 9 28 Ab. ☋	6 55	5 5	2 54	14	♑ 18
Mittw	24	**Matthias**	6 37	5 23	3 52	Wega g. a. 11 16 Ab.	6 53	5 7	3 54	14	♒ 1
Donn	25	Victorius	6 35	5 25	5 2	♀ g. u. 8 50 Abends.	6 51	5 9	5 4	14	♒ 13
Freit	26	Nestorius	6 34	5 26	6 12	7* g. u. 12 31 Morgens.	6 49	5 11	6 14	13	♒ 27
Samst	27	Leander	6 33	5 27	☽ g. u.	🌑 27. ☿ gr. Hel. Lat. S.	6 48	5 12	☽ g. u.	13	♓ 10
9) Quinquagesima. Luk. 18, 31-43. 1 Cor. 13, 1-13.						Vom Blinden am Wege.	Tagesl. Berlin, 10 S. 56 M. Winnipeg, 10 S. 26 M.				
Sonn	28	Romanus	6 32	5 28	6 30	♀ in ☊. ♃ g. u. 7 4 Ab.	6 47	5 13	6 20	13	♓ 23
Mont	29	Schalt Tag	6 31	5 29	7 33	☽ in Per. ♂ g. a. 2 12 M.	6 44	5 16	7 24	13	♈ 0

Mondwechsel.

	BERLIN.	U. M.		WINNIPEG.	U. M.	
Erstes Viertel	5,	4 22	Morg.	5,	3 6	Morg.
Vollmond	12,	2 22	Nachm.	12,	1 6	Nachm.
Letztes Viertel	20,	6 58	Abends	20,	5 42	Abends
Neumond	27,	10 31	Abends	27,	9 15	Abends

Muthmaßliche Witterung.

Den 1 2 gelinde, 3 4 trübe, 5 6 Regen oder Schnee, 7 8 kalt, 9 10 wolkig, 11 12 13 angenehm, 14 15 16 17 naß und veränderlich, 18 19 20 Schnee oder Regen, 21 22 gelinde, 23 24 wolkig, 25 26 27 veränderlich, 28 29 schön.

hat 29 Tage.

Notiz-Calender.

1
2
3
4
5
6
7
8
9
10
11
12
13
14
15
16
17
18
19
20
21
22
23
24
25
26
27
28
29

Ansiedlung selbst konnte der Indianer die Familie leider nicht begleiten, denn seine Squaw war plötzlich so schwer erkrankt, daß er sie nicht allein lassen konnte. Hätte er sie begleiten können, so wäre ihnen unzweifelhaft der größte Theil des Unglücks, das nun über sie kam, erspart geblieben.

Ihr Weg war ein entsetzlicher, und weil sie gern möglichst nahe am Ufer bleiben wollten, kamen sie oft an Hindernisse, die fast unüberwindlich waren. Ueber steile Felsen mußten sie klimmen und über hohe Berge, dann wieder durch Abgründe und Schluchten, wo ein einziger Fehltritt ihnen das Leben gekostet haben würde. Durch Cedersümpfe mußten sie sich hindurcharbeiten, die zu jeder andern Jahreszeit undurchdringlich gewesen wären, und über „Windfälle" hinwegklettern, die haushoch aus gestürzten Baumstämmen zusammen gethürmt waren. Kein Wunder, daß bei solchen Strapatzen die Kräfte der Reisenden bald erschöpft waren. Am 12. April erklärte Frau Forbes, daß sie nicht weiter könne.

Nun war guter Rath theuer. Hin und her sannen die Eltern und machten Pläne, was zu thun sei; aber ein Plan nach dem andern wurde verworfen, bis sie endlich beschlossen, der Vater solle mit dem zwölfjährigen Sohne vorausgehen, die Ansiedlung zu erreichen suchen, und Hülfe holen. Die Frau und die Kinder sollten unterdessen in einer nothdürftig zusammengebauten Hütte zurückbleiben und geduldig warten, bis der Vater zurückkäme. Was sie an Lebensmitteln besaßen, ließ der Vater zurück, dann nahm er die Axt und Flinte und eilte, wie er glaubte, der nahegelegenen Ansiedlung zu.

Aber das Unglück verfolgte sie, und eine entsetzliche Irrfahrt begann. Die ersten beiden Tage schritt der Vater mit seinem jungen Sohn auf der noch festen Eisdecke des Kennebeck Flusses dahin, machte dabei aber einen Umweg von 60 Meilen, die er sich hätte ersparen können, wenn er quer durch den Wald gegangen wäre. Am Abend des zweiten Tages kamen sie an einen Wasserfall, der sie zwang, das hohe Ufer hinanzuklimmen und den Fall zu umgehen. Am nächsten Tage kreuzten sie den Fluß wieder, weil sie hofften, auf der anderen Seite leichter vorwärts kommen zu können, aber ein Sturm brach los und zwang sie, den ganzen Tag lang Bergung in einer Höhle zu suchen.

Dann trat Thauwetter ein, und der Vater zimmerte in zwei Tagen aus einigen Baumstämmen ein nothbürftiges Floß zusammen, auf

Dr. Thomas'
Electrisches Oel
—kurirt—

Rheumatismus, Lumbago, Hexenschuß, Neuralgia, Diphtheritis, Husten, Erkältungen, Kehlenleiden, Bräune, Hämorrhoiden, Frostbeulen, Brennwunden, Asthma, Catarrh, Hühneraugen, Zahn-, Ohr- und Kopfschmerzen, Quetschungen, Wunden und Verrenkungen, an Mensch oder Vieh. Dies ist thatsächlich das beste, bekannte, innerliche und äußerliche Heilmittel.

Wenn Dr. Thomas' Electrisches Oel äußerlich angewandt wird, um Schmerzen und Entzündungen zu lindern, und durch die Poren in den Körper einbringt, so wirkt es heilend auf die fleischgewordenen, geschwollenen und entzündeten Ligamente oder rheumatischen Gelenke und vertreibt schnell die Schmerzen. Wenn innerlich angewandt, so kurirt es Störungen in den Athmungsorganen, dem Unterleib, der Leber und den Nieren.

Diese unvergleichliche Arznei besitzt nicht nur eine heilkräftige Wirkungsfähigkeit erster Sorte, sondern da sie keinen Alcohol enthält, so wird sie auch nicht durch Verdünnung abgeschwächt, was bei vielen alcoholhaltigen Oelen von zweifelhaftem Werth der Fall ist.

Wohlbefinden bei Tage und Ruhe bei der Nacht genießen alle diejenigen, die klug genug sind, auf ihre schmerzenden Muskeln und Gelenke Dr. Thomas' Electrisches Oel anzuwenden. So viel, wie man in der hohlen Hand halten kann, genügt oft, um die allerschärfsten Schmerzen zu lindern.

Eiserne Constitutionen werden untergraben und ruinirt durch Lungen- und Kehlkrankheiten, die aus einer vernachlässigten Erkältung hervorgehen. Eine tödtliche Mißachtung dieser warnenden Symptome findet sich leider sehr oft; und das ist der Hauptgrund, daß unter den Ursachen eines frühen Todes die Auszehrung eine so hervorragende Rolle spielt. Ein rechtzeitiger, innerlicher und äußerlicher Gebrauch von Dr. Thomas' Electrischem Oel—dieser wohlthuenden, reinen, lindernden und andauernd heilenden Arznei, die von der ganzen medizinischen Fakultät empfohlen wird—ist ein sicheres, schnelles und wohlfeiles Mittel gegen Husten und Erkältung. Außer, daß es ein vortreffliches Mittel gegen alle Lungenkrankheiten ist, ist es auch ein unvergleichliches Linderungsmittel gegen rheumatische und neuralgische Schmerzen, kurirt jede Art von Hämorrhoiden, Wunden, Beulen, Nierenkrankheiten und Rückenschmerzen.

Was man davon sagt.—Herr R. H. Baker, Ingoldsby, schreibt: „Ich bin jetzt vollständig von der Dyspepsia kurirt, von der ich 3 Jahre lang so viel zu leiden hatte. Northrop & Lyman's Vegetabilische Entdeckung ist die Arznei, die die Kur bewirkte, nachdem ich viele andere Mittel versucht hatte."

Herr Henry Marschall, Reeve von Dunn, schreibt: „Vor einiger Zeit bekam ich von Herrn Harrison eine Flasche von Northrop & Lyman's Vegetabilischer Entdeckung und halte dieselbe für die beste Arznei, die es gegen Dyspepsia giebt."

Northrop & Lyman Co.,
Toronto. Eigenthümer.

Northrop & Lyman's
Vegetabilische Entdeckung

Was ist dieselbe?

Sie ist ein Saft, der aus den heilkräftigsten Rinden, Kräutern und Wurzeln gewonnen wird. Sie ist das Endresultat einer langjährigen Studienarbeit, Forschung und Prüfung. Sie besitzt rein vegetabilische Bestandtheile, die chemisch und wissenschaftlich zusammengesetzt sind. Sie ist das **Heilmittel der Mutter Natur.** Sie ist vollständig harmlos und übt nicht den geringsten schädlichen Einfluß auf den Körper aus. Sie ist nahrhaft und stärkend; wirkt unmittelbar auf das Blut und durchdringt das ganze System. Sie beruhigt die Nerven und verschafft guten, gesunden Schlummer während der Nacht. Sie ist ein wahres Universal Heilmittel für unsere Greise und Greisinnen; denn sie stärkt sie, beruhigt ihre Nerven und giebt ihnen gesunden Schlummer, wie viele alte Leute bezeugen können. Sie ist ein großartiges **Blutreinigungs-Mittel.** Sie ist ein Entdeckungs-Mittel für unsere Kinder. Sie kurirt alle Blutkrankheiten. Versuche dieses Mittel einmal gegen deine Krankheit, dann wirst du bald allen deinen Freunden, Nachbarn und Bekannten sagen: „Versuche es; mich hat es kurirt."

Erstaunliche Heilung von Wassersucht und Dyspepsia.—Herr Samuel T. Casey, Belleville schreibt: „Im Frühling 1884 begann ich an der Dyspepsia zu leiden und wurde mein Zustand immer schlimmer. Ich wandte verschiedene Hausmittel an, und zog auch meinen Familienarzt zur Hülfe, aber nichts half. Unterdessen ging meine Krankheit in Wassersucht über. Außer gekochter Milch und Brod konnte ich nichts mehr genießen; meine Gliedmaßen schwollen schrecklich an; alle Hoffnung auf Besserung floh und ich erwartete nur noch einige Wochen zu leben. Zu dieser Zeit wurde mir Northrop & Lyman's Vegetabilische Entdeckung empfohlen, und, fast hoffnungslos geworden, versuchte ich es mit einer Flasche davon. Jetzt bin ich vollständig von meiner Dyspepsia und Wassersucht geheilt, nachdem ich acht Flaschen davon eingenommen habe. Obgleich ich schon 79 Jahre alt bin, habe ich nun doch wieder guten Appetit und erfreue mich eines guten Gesundheitszustandes. Da ich schon 57 Jahre hier wohnhaft bin, kennt man mich in diesem Landestheil von Canada weit und breit und höre ich Sie nie frei, meinen Namen zur Empfehlung Ihrer vegetabilischen Entdeckung, die mir wieder zur Genesung geholfen hat, zu gebrauchen."

Herr W. Thayer, in Wright, Prov. Quebec, litt 20 Jahre an der Dyspepsia. Er versuchte allerlei Aerzte und alle Arzneien, ohne Erfolg. Er hatte keinen Appetit mehr, litt Schmerzen an der Seite und im Magen und magerte zusehends ab, als er zufällig von Northrop & Lyman's Vegetabilische Entdeckung hörte und zugleich anfing, davon einzunehmen. Die Schmerzen sind jetzt fort, er erfreut sich vortrefflicher Gesundheit, und ist mit einem Worte ein neuer Mensch geworden.

8

Die Exanthematische Heilmethode.

(Auch Baunscheidtismus genannt.)
Sichere Heilung für alle Krankheiten.

Sowohl bei frisch erstandenen als bei alten (chronischen) Leiden, die allen Medicinen und Salben Trotz geboten haben, kann man diese Heilung als letzten Rettungs-Anker mit Zuversicht anwenden. Tausende von Kranken, die von den Aerzten aufgegeben wurden, haben durch die Anwendung derselben ihr Leben gerettet, und völlige Gesundheit wieder erlangt. Mittheilungen über die wunderbaren Curen dieser segensreichen Heilmethode, sowie die nöthige Anleitung zur Selbstbehandlung aller Krankheiten, findet man in meinem Lehrbuche (15. Auflage, 320 Seiten stark) niedergelegt. ☞ Erläuternde Circulare werden portofrei zugesandt.

JOHN LINDEN, { Special-Arzt der Exanthematischen Heilmethode, Letter Drawer W. } **Cleveland, Ohio,**

Office: 391 Superior Str., Ecke Bond.
Wohnung: 948 Prospect Straße.
} Man hüte sich vor Fälschungen und falschen Propheten.

Zeugnisse:

Valley Falls, Kansas, 5. Jan., 1891.
Werther Herr John Linden!
Senden Sie gefälligst ein Dutzend Flaschen Oleum an folgende Adresse: Kaspar Abbühl, Valley Falls, Jefferson Co., Kansas. Die Rechnung schicken Sie an mich: Rev. J. Schmidli, Shannon, Atchison Co., Kans. Herr Abbühl hat bis letztes Jahr das sogenannte importirte Oel gebraucht. Durch meine Empfehlung Ihres Oleums ließ er dann sechs Flaschen von Ihnen bestellen; dies Oleum hat solche Anerkennung gefunden, daß es das als „importirt" verkaufte vollständig verdrängt hat.
Mit herzlichem Gruß, Rev. J. Schmidli.

Rochester, N. Y., 24. Jan., 1891.
Herrn John Linden!
Geehrter Herr! Einliegend finden Sie $1.75, für welches Sie mir, bitte, eine Flasche Ihres Oleums umgehend senden wollen, da wir zwei kranke Kinder haben und es sofort zu gebrauchen wünschen. Wir wußten nicht, daß unser Vorrath an Oleum beinahe erschöpft war, und wir fühlen uns nicht sicher, ohne dasselbe im Hause zu haben. Wir gebrauchen Ihren Lebenswecker und Oleum schon so lange Jahre und haben seit der Zeit keinen Arzt mehr nöthig gehabt.
Wir erwarten das Oleum mit Sehnsucht, und bitten, es so schnell wie möglich zu schicken.
Zeichnet achtungsvoll,
Dr. Arthur W. McNames, Dentist.

Eau Claire, Wis., 15. Dec., 1890.
Werther Herr John Linden!
Inliegend finden Sie eine Expreß Money Ordre für erhaltenen Lebenswecker und Oleum. Habe es an einer Person mit Rheumatismus angewandt, und hat über alles Erwarten schon beim ersten Gebrauch geholfen, so daß die Leute meinten, „das Heilmittel müssen Sie uns ablassen," was ich auch that.—Nun, bitte, senden Sie mir einen andern Lebenswecker und noch eine extra Flasche Oleum dabei.
Hochachtungsvoll,
Rev. Wm. Kann, 621 Congreß Str.

Jackson, Cape Girardeau Co., Mo., 23. Jan. '91.
Werther Herr John Linden! Ersuche Sie freundlich, mir zwei Flaschen Oleum zu schicken. Habe mit Ihrem Lebenswecker schon ausgezeichnete Erfolge gehabt, und wünsche nur, daß derselbe noch mehr möchte bekannt werden.
Achtungsvoll Ihr Rev. W. Gärtner.

Milleville, Clayton Co., Ja., 5. Jan., 1:01.
Herr John Linden!
Geehrter Herr! Ihr Heilmittel, Lebenswecker und Oleum, ist das beste, schnellwirkendste und zuverläßigste Heilmittel, das man in einem Haushalt gebrauchen kann; es sollte in keinem Haushalte fehlen.— Meine Frau litt lange Zeit an Magenkrämpfen; die Doctoren sagten, sie seien nicht mehr zu vertreiben; aber Ihr Lebenswecker und Oleum hat sie fein und billig kurirt, sie ist jetzt ganz gesund. Letztes Frühjahr wurde meine ganze Familie auch von der Grippe befallen—ich, meine Frau und neun Kinder; Ihr Lebenswecker und Oleum hat Alle in drei Tagen völlig kurirt.—Für Zahnweh, Ohren- und Rückenschmerzen giebt es kein besseres und sichereres Mittel, wie Ihr Lebenswecker und Oleum. Wir sind jetzt acht Jahre hier im Lande und haben nur noch zweimal einen Doctor gebraucht; wir haben aber immer den Lebenswecker und das Oleum im Hause, und damit wird jede Krankheit im Keime erstickt. Ihr Oleum ist auch besser und stärker als das importirte von Cleveland, Ohio, bezogene; es wirkt schneller und ist auch um die Hälfte billiger als das angeblich importirte.—Ihr Heilmittel ist ein Segen für die Menschen.

Fulda, Murray Co., Minn., 28. Nov., '90.
Werther Herr John Linden!
Seien Sie so gut und schicken Sie eine Flasche Oleum für meinen Nachbar—die haben die Croup. Mein Lebenswecker und mein bißchen Oleum, welches ich noch hatte, hat den Kindern gleich geholfen; das eine Kind war schon am Ersticken, und in zwei Stunden war es besser. Er sagte, ich sollte gleich für Oleum schicken, denn die andern Kinder klagten auch schon über Schmerzen im Halse.—Schicken Sie gleich.—Ihr Lebenswecker und Oleum hat mir und meinen Kindern schon gute Dienste geleistet.
Achtungsvoll grüßend, Peter Oswald.

Obige Zeugnisse wurden der Redaktion im Original vorgelegt.

Der dritte Monat März 1892.

Wochen Tage.	M. T.	Feste und Namenstage.	Kalender für Berlin, Ontario. Sonnen Auf-	und Untergang	Monds A. u. U.	Mondes-Viertel, Aspekten der Planeten, 2c.	Kalender für Winnipeg, Man. Sonnen Auf-	und Untergang	Monds A. u. U.	[illegible]	Monds Zeichen
Dienst	1	**Fastnacht**	6 30	5 30	8 45	☌ ♀ ☽ ♀ g.u. 8 58 Ab. ◡	6 42	5 18	8 40	13	♈ 13
Mittw	2	**Aschermittw.**	6 28	5 32	9 47	Canopus, süd. 7 39 Ab.	6 39	5 21	9 40	12	♈ 26
Donn	3	Samuel	6 27	5 33	10 53	♃ g. u. 6 52 Ab. ☽ in ☊	6 36	5 24	10 47	12	♉ 19
Freit	4	Adrianus	6 25	5 35	11 55	☌ ♆ ☽ ♄ g. a. 6 51 Ab.	6 33	5 27	11 29	12	♉ 21
Samst	5	Friedrich	6 23	5 37	Morg	☽ 5. ☽ in Apo.	6 30	5 30	Morg	12	♊ 3
10) Invocavit. Matth. 4, 1-11. 2. Cor. 6, 1-10.						Jesus vom Teufel versucht.	Tagesl.	Berlin, 11 S. 16 M.	Winnipeg, 11 S. 06 M.		
Sonn	6	Fridolinus	6 22	5 38	12 53	☌ ☿ ☉ Superior.	6 27	5 33	12 58	11	♊ 15
Mont	7	Perpetua	6 19	5 41	1 44	♂ g. auf 2 3 Morgens	6 25	5 35	1 50	11	♊ 27
Dienst	8	Philemon	6 18	5 42	2 38	Castor süd. 8 21 Ab. ⌒	6 23	5 37	2 42	11	♋ 9
Mittw	9	**Quatember**	6 16	5 44	3 33	♀ g. u. 9 16 Abends.	6 20	5 40	3 37	11	♋ 20
Donn	10	Alexander	6 15	5 45	4 27	♂ in ♉ Arct.g.a. 7 35 A.	6 19	5 41	4 34	10	♌ 2
Freit	11	Ernestus	6 13	5 47	5 22	♃ g. u. 6 27 Abends.	6 15	5 45	5 24	10	♌ 14
Samst	12	Gregorius	6 12	5 48	6 11	☌ ☿ ♃ ♄ süd. 12 28 M.	6 13	5 47	6 18	10	♌ 27
11) Reminiscere. Matth. 15, 21-18. 1. Thess. 4, 1-7						Vom cananäischen Weibe.	Tagesl.	Berlin, 11 S. 40 M.	Winnipeg, 11 S. 38 M.		
Sonn	13	Macedonius	6 10	5 50	☽ g.a.	🌕 13. ☌ ♄ ☽ Rol.s.8 12	6 11	5 49	☽ g.a.	10	♍ 10
Mont	14	Zacharias	6 9	5 51	6 30	♂ g. a. 1 58 Morgens.	6 9	5 51	6 28	9	♍ 23
Dienst	15	Christopher	6 7	5 53	7 34	Regulus süd. 10 28 Ab.	6 7	5 53	7 33	9	♎ 06
Mittw	16	Cyprianus	6 5	5 55	8 42	☍ ♄ ☉ ☌ ♅ ☽	6 5	5 55	8 41	9	♎ 20
Donn	17	St. Patrick	6 3	5 57	9 52	☿ in ☊ Sir. s. 6 49 Abs.	6 2	5 58	9 59	8	♏ 4
Freit	18	Anselm	6 2	5 58	11 04	♀ g. u. 9 39 Ab. ☽ in ♉	6 1	5 59	11 02	8	♏ 18
Samst	19	Josephus	6 0	6 0	Morg	☉ tritt in ♈ Frühl. Anf.	6 0	6 0	Morg	8	♐ 2
12) Oculi. Luk. 11, 14-21. Eph. 5, 1-9.						Jesus treibt einen Teufel aus.	Tagesl.	Berlin, 12 S. 02 M.	Winnipeg, 12 S. 02 M.		
Sonn	20	Matriona	5 59	6 1	12 20	☌ ♃ ☉ 7* g. u. 11 10.	5 59	6 1	12 20	8	♐ 16
Mont	21	Benedict	5 58	6 2	1 28	☾ 21. ☌ ♂ ☽ g.a.1 48 M.	5 58	6 2	1 27	7	♑ 0
Dienst	22	Paulina	5 57	6 3	2 31	☿ in Perihelion ◡	5 57	6 3	2 30	7	♑ 14
Mittw	23	Eberhard	5 55	6 5	3 38	♀ g. u. 9 44 Abends.	5 55	6 5	3 29	7	♑ 28
Donn	24	Gabriel	5 54	6 6	4 17	Wega g. a. 9 30 Abends.	5 54	6 6	4 16	6	♒ 12
Freit	25	**Mar. Verk.**	5 52	6 8	4 52	♄ süd. 11 34 Abends.	5 53	6 7	4 52	6	♒ 26
Samst	26	Emanuel	5 51	6 9	5 22	Regulus süd. 9 41 Abs.	5 51	6 9	5 21	6	♓ 10
13) Lätare. Joh. 6, 1-15. Gal. 4, 21-31.						Jesus speiset 5,000 Mann.	Tagesl.	Berlin, 12 S. 22 M.	Winnipeg, 12 S. 22 M.		
Sonn	27	Rupert	5 49	6 11	5 55	☌ ♃ ☽ Alph. s. 3 11 M.	5 49	6 11	5 54	5	♓ 24
Mont	28	Gideon	5 48	6 12	☽ g.u.	🌑 28. ☽ in Per.	5 47	6 13	☽ g.u.	5	♈ 8
Dienst	29	Eustatius	5 46	6 14	7 58	□ ♂ ☉ ☌ ☽ g.a. 1 37 M.	5 45	6 14	8 39	5	♈ 21
Mittw	30	Guido	5 45	6 15	9 13	♀ geht unter 10 1 Abs.	5 42	6 18	9 14	5	♉ 4
Donn	31	Detlaus	5 43	6 17	10 22	☿ g. u. 8 19 Abs. ☽ ☊	5 41	6 19	10 24	4	♉ 17

Mondwechsel.

	BERLIN. U. M.		WINNIPEG. U. M.
Erstes Viertel	5,	1 58 Nachm.	5, 12 42 Mittags
Vollmond . .	13,	7 39 Vorm.	13, 6 23 Morg.
Letztes Viertel	21,	12 00 Mittag.	21, 10 44 Vorm.
Neumond . .	28,	8 01 Vorm.	28, 6 45 Morg.

Muthmaßliche Witterung.

Den 1 2 Schön, 3 4 kalt, 5 6 7 Schnee, 8 9 schön, 10 11 veränderlich, 12 13 14 kalt und stürmisch, 15 16 veränderlich, 17 18 gelinde, 19 20 21 kalt und windig, 22 23 Regen, 24 25 schön, 26 27 28 Wechsel, 29 Regen, 30 31 schön.

hat 31 Tage.

Notiz-Calender.

1
2
3
4
5
6
7
8
9
10
11
12
13
14
15
16
17
18
19
20
21
22
23
24
25
26
27
28
29
30
31

dem sie die Reise fortsetzten. Aber die Fahrt war in Folge des geschwollenen Stromes eine äußerst gefährliche. Eisschollen und Baumstämme collidirten unaufhörlich mit ihrem schwanken Fahrzeug, das endlich gegen einen Felsen geschleudert und zertrümmert wurde. Leider ging dabei auch die Axt verloren, und nur mit Mühe und Noth retteten Vater und Sohn ihr nacktes Leben.

Sie wanderten nun, so gut es ihnen ihre erschöpften Kräfte erlaubten, längs des Flusses dahin, aber nirgends zeigte sich eine Spur von der ersehnten Ansiedlung,—soweit sie gingen, umgab sie derselbe dichte, scheinbar endlose Urwald. Am 20. April war es ihnen, als hörten sie in weiter Entfernung den Knall einer Flinte; sie gingen eilig in jener Richtung fort, aber völlig erfolglos, und nun erlosch auch der letzte Hoffnungsfunken in ihren Herzen. Zwei Tage später, als die Nacht bereits hereinbrach, hatten sie sich auf einem Hügel ein kleines Feuer angezündet, bei dem sie die Nacht zubringen wollten. Düster schaute der Vater in die prasselnden Flammen und sann, wie er aus dieser Wildniß herauskommen und seinem armen Weibe und ihren Kindern Hilfe schaffen könnte, aber nirgends zeigte sich ihm ein Ausweg aus dieser pfadlosen Wildniß; da plötzlich—schlägt dicht neben ihm ein Hund an, menschliche Stimmen ertönen und entzückt stürzen sich Vater und Sohn in die Arme von zwei Jägern, die, von dem Feuerschein angelockt, herangekommen waren, um zu sehen, was für Wanderer dort im Urwald übernachteten. Schnell hatte Forbes seine bemitleidenswerthe Geschichte erzählt, dann öffneten die theilnahmsvollen Jäger ihre Jagdtaschen, zogen getrocknetes Wildfleisch, Brot und eine Flasche mit stärkendem Branntwein hervor und freuten sich des gesunden Appetits, mit dem der alte wie der junge Forbes diesen Dingen zusprachen. Dann wurde die Lage der armen Frau und ihrer Kinder, die verzweifelnd in der Wildniß der Hilfe warteten, eingehend besprochen, und endlich streckten sich alle um das flackernde Lagerfeuer, um schnell einige Stunden lang des erquickenden Schlummers zu genießen, und am anderen Morgen ungesäumt an die Rettung der Bedrängten zu gehen. Zum ersten Mal wieder seit langen Tagen fing Forbes an, die Verzweiflung abzuschütteln und auf's Neue zu hoffen.

Die freundlichen Jäger hießen Jonathan Crosby, und Luke Sawyer. Am nächsten Morgen geleiteten sie Vater und Sohn Forbes nach ihrem Settlement, Sieben-Meil-Brook, das nur wenige Meilen von ihrer Lagerstätte entfernt lag, und hier kamen die beiden Forbes so ermattet an, daß sie kaum stehen konnten. Zehn Tage lang waren sie in der Wildniß umhergeirrt, seitdem sie Frau Forbes am Kennebecfluß verlassen hatten.

Gleich nach Forbes' Ankunft wurde seine jammervolle Geschichte in der Ansiedlung bekannt und sofort erboten sich drei des Waldes kundige Männer, die Frau und Kinder zu suchen und sicher nach der Ansiedlung zu bringen. Die Namen dieser drei Menschenfreunde waren Mayor Hale, William Huston und Ebenezer Hilton. Noch an demselben Tage drangen sie in die Wildniß ein, aber leider vermochten sie von der Frau und den Kindern keine Spur zu finden. Sei es, daß sie eine falsche Richtung genommen hatten, sei es, daß sie dicht an der kleinen Hütte vorbeigekommen waren, ohne sie zu bemerken, oder bemerkt worden zu sein,—kurz, dreizehn Tage später kehrten die drei Männer unverrichteter Sache wieder in die Ansiedlung zurück, und ein Schrei des Entsetzens hallte nun durch die ganze Ansiedlung, bei dem Gedanken, was wohl aus der armen Frau und ihren bejammernswerthen Kindern in ihrer trostlosen Lage geworden sei. In jedem Herzen lebte nur ein Gedanke,—wenn diese Armen noch am Leben sind, dann müssen sie um jeden Preis gerettet werden!

Was aber war aus der armen Frau geworden, seitdem Vater und Sohn ausgegangen waren, um Hülfe und Rettung zu suchen und zu schaffen? Vierundvierzig Tage waren seitdem verstrichen. Waren sie überhaupt noch am Leben?

Als Forbes auszog, bestand der ganze Vorrath an Lebensmitteln aus anderthalb Pfund Hirschfleisch und ebenso viel Unschlitt. Das wußte der Vater. Er und Alle, denen dies bekannt wurde, waren überzeugt, daß Frau und Kinder längst dem Hungertode anheim gefallen seien.

Und beinahe war es so. Tag nach Tag harrte die Frau der Rückkehr ihres Gatten und der Ankunft der Retter. Ihr geringer Proviant war bald aufgezehrt; dann suchte die Mutter allerlei nährende Kräuter, Wurzeln, Beeren und Rinden, aber ach—die kleinen Kinder erlagen bald diesem fortgesetzten Hunger, der Kälte und der Nässe. Nachdem 38 Tage verflossen waren, seitdem Forbes hilfesuchend ausgezogen war, starb sein kleiner Knabe, den Tag darauf ein zweites und fünf Tage darauf ein drittes Kind. Endlich gab auch die arme Mutter den langen, verzweiflungsvollen Kampf auf. Mit ihrem einzigen, überlebenden Kinde legte sie sich nieder in dem kleinen Zelt, um ihre letzte Stunde abzuwarten. Um sie herum lagen die Leichen ihrer drei verschmachteten Kinder. Sie hatte nicht Kraft genug besessen, ihnen eine Grabstätte im festgefrorenen Boden des Urwaldes zu bereiten.

Doch als die arme Mutter so dalag, umgeben von den Leichen ihrer drei kleinen Kinder, als sie selbst schon fast mit dem Tode rang, als ihr Feuer sogar schon seit 48 Stunden verglommen war, und als sie längst jeden Gedanken an Rettung aufgegeben hatte, da plötzlich nahten sich die Retter und die Hülfe kam.

Nachdem die obengenannten drei Männer so unverrichteter Sache wieder in die Ansiedlung zurückgekehrt waren, machten sich am 22. Mai zwei andere Männer auf, die Frau mit ihren Kindern zu suchen. Nach allen Richtungen durchstreiften sie die Wildniß und endlich am 2. Juni waren sie so glücklich, das kleine Zelt zu finden und die Mutter mit dem einen, noch lebenden Kinde zu retten. Fünfzig Tage waren verflossen, seitdem sie der Vater so hoffnungsvoll in der Wildniß zurückgelassen hatte. Noch einen Tag später—und die Retter hätten nur Leichen gefunden.

Mutter und Kind wurden schnell gespeist und getränkt und die Pflege der Retter, nicht minder als die schnell wieder erwachte Hoffnung ihres eigenen Herzens, kräftigte sie so geschwind, daß sie in 24 Stunden erklärte, die Reise in die Ansiedlung antreten zu können. Die drei Leichen der verschmachteten Kindlein wurden mit einem stillen Vaterunser in den Schooß der Erde gesenkt, dann flochten die beiden Retter eine Tragbahre, legten Mutter und Kind darauf, und traten den Rückmarsch in die Ansiedlung an, wo sie endlich nach all diesen Strapatzen, und traurigen Erfahrungen glücklich ankamen. Unbeschreiblich aber war die Freude, mit welcher Forbes seine längst todtgeglaubte Gattin und das Kind in seine Arme schloß, das außer den ältesten Sohn übrig geblieben war von den fünfen, mit denen er Monate zuvor die Reise von Rouville Bois durch die canadische Wildniß nach der Ansiedlung am Kennebec Fluß angetreten hatte. Die ganze Ansiedlung feierte ein Freudenfest, als die Frau mit ihrem Kinde eintraf, und reichliches Lob ernteten die heldenmüthigen Retter, die zwei Menschenleben vor einem schrecklichen Tod in der Wildniß bewahrt hatten.

Dort am Kennebec Fluß gründete sich Forbes eine neue Heimath, und viele glückliche Jahre

―― Die ――

Grand Trunk Eisenbahn

ist die alte und zuverlässige Bahn nach

Montreal, Quebec, Portland, Boston,

und allen östlichen Plätzen. Ebenfalls nach den

Niagara Fällen, London, Detroit, Chicago,

und allen Gegenden des Westens, Nord-Westens, und Süd-Westens. Passagiere können sich stets auf gute Bedienung, engen Anschluß und niedrige Fahrpreise verlassen.

Die Grand Trunk Bahn

bildet auch die

Große Internationale Route

die sich nach allen wichtigeren Städten in den Provinzen Ontario und Quebec erstreckt, und mittelst der sich alle Hauptpunkte des amerikanischen Continentes erreichen lassen.

Dieß ist die directe Bahn nach allen

Sommer Aufenthalts = Plätzen,

mit Einschluß von Portland, Oldorchard, und andern Badeorten an der Küste von Maine, den Rangeley Seen, die Weißen Berge, und die Umgend des St. John Sees, Quebec, Montreal, Ottawa, Toronto, Niagara Falls, George und Champlain See, Muskoka und Mid=land Seen, Georgian Bay, Mackinac, Sault St. Marie, und allen andern großen Seen.—Die Passagiere können Billette lösen, die ihnen die Wahl geben zwischen Eisenbahn= und Dampferfahrt nach To=ronto, Kingston, Prescott, Montreal und Quebec.

An der Kingston Werfte

macht die Bahn Verbindung mit den Dampfern, die bei Tage nach den Tausend Inseln und durch die Lachine und anderen Stromschnellen des St. Lorenzflusses gehen.

„Dieß ist die einzige Bahn in Canada," die jeden Expreßzug mit eleganten Pullman oder Wagner Waggons und Palast=Schlafwaggons versieht.

Um alle weitere Auskunft wende man sich an die Agenten der Bahn.

Touristenbillete sind in allen Hauptbureaus der Bahn und ihren Anschlußbahnen zu haben.

Wm. Edgar,   M. C. Dickson,   L. J. Sargeant,
Gen. Passagier=Agent.   District Passagier=Agent.   Gen. Geschäftsführer.

Haupt=Bureau,   =   =   =   Montreal, P. Q.

Der vierte Monat April 1892.

Wochen Tage.	M. T.	Feste und Namenstage.	Kalender für Berlin, Ontario. Sonnen Auf-	und Untergang	Mond A. u. U.	Mondes-Viertel, Aspekten der Planeten, 2c.	Kalender für Winnipeg, Man. Sonnen Auf-	und Untergang	Mond A. u. U.	[illegible]	Monds Zeichen
Freit	1	Theodora	5 42	6 18	11 32	☌ ♆ ☽ ☿ gr. Hel. L. N. ⌣	5 40	6 20	11 34	4	♉ 29
Samst	2	Theodosia	5 40	6 20	Morg	♀ in Perihelion.	5 38	6 22	Morg	4	♊ 21
14) Judica. Joh. 8, 46–59. Ebr. 9, 11–15.						Die Juden wollen Jesum steinigen.	Tagesl.		Berlin, 12 S. 42 M. Winnipeg, 12 S. 48 M.		
Sonn	3	Ferdinand	5 39	6 21	12 34	♂ g. a. 1 19 Morgens.	5 36	6 24	12 30	3	♊ 23
Mont	4	Ambrosius	5 37	6 23	1 29	☽ 4. Capella s 4 15 M. ⌒	5 34	6 26	1 26	3	♋ 5
Dienst	5	Maximus	5 36	6 24	2 18	♄ süd 10 47 Abends.	5 32	6 28	2 15	3	♋ 16
Mittw	6	Egesippus	5 34	6 26	2 58	♀ g. u. 10 8 Abends.	5 30	6 30	2 56	2	♋ 28
Donn	7	Aaron	5 33	6 27	3 30	7* g. u. 10 3 Abends.	5 28	6 32	3 27	2	♌ 10
Freit	8	Cölestinus	5 31	6 29	3 57	Spica süd 12 14 Morg.	5 26	6 34	3 54	2	♌ 22
Samst	9	Theophilus	5 30	6 30	4 20	☿ Stillstand, ☌ ♄ ☽	5 24	6 36	4 17	2	♍ 5
15) Palmsonntag. Matth. 21, 1–9. Phil. 2, 5–11.						Jesu Einzug in Jerusalem.	Tagesl.		Berlin, 13 S. 4 M. Winnipeg, 13 S. 16 M.		
Sonn	10	Daniel	5 28	6 32	4 50	Sirius g. u. 10 24 Ab.	5 22	6 38	4 45	1	♍ 18
Mont	11	Julius	5 27	6 33	5 18	☽ in Apo. Wega g. a. 6 25	5 21	6 39	5 14	1	♎ 1
Dienst	12	Eustachius	5 26	6 34	☽ g. a.	🌕 12. ☌ ♀ ♆	5 19	6 41	☽ g. a.	1	♎ 15
Mittw	13	Justinus	5 24	6 36	7 34	☌ ♅ ☽ ♂ g. a. 1 13 M.	5 17	6 43	7 41	0	♎ 29
Donn	14	**Gründonn'st**	5 23	6 37	8 11	Alphacca s. 2 M. ☽ in ☋	5 15	6 45	8 18	[illegible]	♏ 13
Freit	15	**Charfreitag**	5 21	6 39	9 05	♀ g. u. 10 28 Abends.	5 13	6 47	9 12	[illegible]	♏ 28
Samst	16	Calixtus	5 20	6 40	10 09	Antares süd 2 45 Morg.	5 12	6 48	10 16	0	♐ 13
16) Ostern. Mark. 16, 1–8. 1. Cor. 5, 6–8.						Von der Auferstehung Christi.	Tagesl.		Berlin, 13 S. 24 M. Winnipeg 13 S. 38 M.		
Sonn	17	**Ostersonnt.**	5 18	6 42	11 10	♄ süd 9 57 Abends.	5 11	6 49	11 17	1	♐ 27
Mont	18	**Ostermontag**	5 17	6 43	Morg	7* g. u. 9 24 ⌣	5 10	6 50	Morg	1	♑ 11
Dienst	19	Anicetus	5 16	6 44	12 10	☌ ♂ ☽ ☌ ☿ ☉ Infer.	5 8	6 52	12 13	1	♑ 25
Mittw	20	Sulpitius	5 14	6 46	1 10	☾ 20. ♂ g. a. 1 0 Mor.	5 6	6 54	1 01	1	♒ 9
Donn	21	Adolarius	5 13	6 47	2 0	☉ tritt in ♉	5 4	6 56	1 53	2	♒ 23
Freit	22	Cajus	5 11	6 49	2 40	♀ g. u. 10 35 Abends.	5 2	6 58	2 37	2	♓ 7
Samst	23	Georgius	5 10	6 50	3 14	☍ ♅ ☉ Orion g. u. 10 5	5 0	7 0	3 07	2	♓ 20
17) Quasimodogeniti. Joh. 20, 19–31. 1. Joh. 5, 4–10.						Vom ungläubigen Thomas.	Tagesl.		Berlin, 13 S. 42 M. Winnipeg, 14 S. 4 M.		
Sonn	24	Albertus	5 9	6 51	3 54	♀ gr. Hel. Lat. N. ☌ ♃ ☽	4 58	7 2	3 47	2	♈ 4
Mont	25	Marcus, Ev.	5 7	6 53	4 36	☽ in Per. ☿ in ☋ ☌ ☿ ☽	4 56	7 4	4 30	2	♈ 17
Dienst	26	Cletus	5 6	6 54	☽ g. a.	● 26. ♃ g. a. 4 1 Mor.	4 54	7 6	☽ g. u.	2	♉ 0
Mittw	27	Anastasius	5 5	6 55	8 14	♂ g. a. 12 46 Morg. ☊	4 52	7 8	8 24	2	♉ 13
Donn	28	Vitalis	5 3	6 57	9 18	☌ ♆ ☽	4 50	7 10	9 28	3	♉ 25
Freit	29	Sybilla	5 2	6 58	10 27	☌ ♀ ☽ ♀ g. u. 10 42 A.	4 47	7 13	10 37	3	♊ 7
Samst	30	Eutropius	5 1	6 59	11 29	♀ gr. Weite Ost.	4 45	7 15	11 39	3	♊ 19

Mondwechsel.

	BERLIN U. M.	WINNIPEG U. M.
Erstes Viertel	4, 1 05 Morg.	3, 11 49 Abends
Vollmond	12, 1 10 Morg.	11, 11 54 Abends
Letztes Viertel	20, 12 44 Morg.	19, 11 28 Abends
Neumond	26, 4 30 Abends	26, 3 14 Abends

Muthmaßliche Witterung.

Den 1 2 3 veränderlich, 4 5 6 schön und kalt, 7 8 wolkig, 9 10 Regen, 11 12 13 schön und kalt, 14 15 hell, 16 17 Wechsel, 18 trüb, 19 20 Regen. 21 22 wolkig, 23 24 kalter Regen, 25 26 27 schön, 28 29 Wechsel, 30 wolkig und kalt.

hat 30 Tage.

Notiz-Calender.

1
2
3
4
5
6
7
8
9
10
11
12
13
14
15
16
17
18
19
20
21
22
23
24
25
26
27
28
29
30

durfte er, geachtet von der ganzen Ansiedlung, noch verleben. Besonders groß war die Freude, als ihm wieder ein Sohn bescheert wurde, der gesund und munter heranwuchs, und zur Erinnerung an den freundlichen Indianer Jean Baptiste Forbes genannt wurde. Vater und Mutter Forbes ruhen jetzt längst im Schooße der Erde und ihre heldenmüthigen Retter ebenfalls; noch aber leben ihre Nachkommen jenseits der canadischen Grenze in der großen, benachbarten Republik, und heute noch erzählt man sich an beiden Ufern des rauschenden Kennebec Flusses von den traurigen Erlebnissen der Forbes Familie in der schrecklichen Wildniß des canadischen Urwaldes.

Ein Blatt aus der Geschichte Canadas.

Wenn heutzutage da und dort in Canada Stimmen laut werden, die die Vereinigung Canada's mit den benachbarten Staaten als das höchste Glück für unser Land anpreisen, so ist es mit Nichten das erste Mal in der Geschichte Canada's, daß solche Kundgebungen rege werden. Auch wenn wir sehen, daß Uncle Sam, unser großer Nachbar im Süden, mit lüsternen Augen hinschaut auf unser Land und die reichen, schnell emporblühenden Provinzen desselben als soviele neue Staaten annectiren und mit seinem Sternenbanner bedecken möchte, — dann wiederholt sich nur die Geschichte, und wir werden dadurch erinnert an die Tage von 1812, als die Vereinigten Staaten mit bewaffneter Hand Canada erobern und England auf immer von diesem Continente Nordamerika vertreiben wollten.

Es war eine sturmbewegte Zeit damals. Ganz Europa, mit Ausnahme von Rußland, erzitterte unter dem Scepter des ersten Napoleon, der am 12. Juni 1812 den Niemen an der Spitze von einer halben Million Soldaten überschritt und seinen Marsch auf Moskau zu begann, und England war schon seit 15 Jahren in blutige Kriege verwickelt, die Lord Wellington's Namen unsterblich machten, aber das Land an den Rand des Ruins brachten und eine Staatsschuld von 4000 Millionen Dollar aufhäuften. Damals nun war es, daß die Vereinigten Staaten glaubten, mit leichter Mühe Canada einnehmen und dieses strahlende Juwel der Krone England's entreißen zu können. Doch unser großer Nachbar hatte die Rechnung ohne den Wirth gemacht. Mit Mannesmuth und feuriger Begeisterung erhob sich Canada zur Vertheidigung seiner Grenzen und mit blutigem Kopfe war der Feind genöthigt, sich unverrichteter Dinge wieder zurückzuziehen. Die Geschichte jenes Krieges ist noch nicht geschrieben und wenig nur weiß unser Geschlecht von jenen gefahrdrohenden Vorgängen vergangener Tage. Um so willkommener wird daher gewiß dieser Beitrag dazu und die folgende Schilderung der Zustände jener Zeit unsern Lesern sein.

Am 18. Juni 1812 erklärte Madison, der damalige Präsident der Vereinigten Staaten, England den Krieg, dessen Schauplatz Canada sein sollte. Weder Canada noch die Vereinigten Staaten waren damals, was sie jetzt sind; beide Nationen waren noch jung und in den ersten Stadien ihrer Entwickelung begriffen, doch aber waren die Staaten unserm Lande ganz ungeheuer überlegen. Sie zählten damals bereits eine Bevölkerung von acht Millionen Seelen, waren im Stande ein reguläres Heer von 30,000 Soldaten in's Feld zu stellen und konnten im Verlaufe dieses Krieges eine Miliz von nicht weniger als 471,622 Mann unter die Waffen rufen, so daß sich die Macht der Vereinigten Staaten von 1812–1814 zur Unterdrückung und Eroberung von Canada auf mehr als eine halbe Million Mann belief. Soviel zählte damals die ganze Bevölkerung von Canada noch nicht; dieselbe betrug kaum 300,000 Seelen, und die bewaffnete Macht, die sie dem so ungeheuer überlegenen Feind gegenüberstellen konnte, war so verschwindend klein, daß man sich wundern muß, daß sie nicht beim ersten Zusammenstoß total erdrückt und aufgerieben wurde. Ober-Canada, das jetzige Ontario, verfügte über ein stehendes Heer von 1500 Mann, das sich folgendermaßen zusammensetzte:

Das 41. Regiment .... 900 Mann
Die 10. Veteranen .... 250 "
Das New Foundland Regiment 250 "
Die Königl. Artillerie....... 50 "
Seesoldaten............... 50 "
                          ―――――
                          1500 Mann,

während der Kommandant von Unter-Canada, dem jetzigen Quebec, kaum 3000 Mann in's Feld schicken konnte. Hierzu kamen etwa 4000 Milizsoldaten, die höchste Zahl, die die spärliche Bevölkerung des Landes zu liefern vermochte. Das war das Heer, das Canada zu seiner Vertheidigung aufbot, und mit dem General Brock, der canadische Ober-Kommandeur, dem Feinde entgegenzog.

Doch nicht nur an Soldaten fehlte es General Brock; noch andere Schwierigkeiten und Hindernisse hatte er zu überwinden. Vor allen Dingen fehlte es vollständig an Uniformen für die Miliz, und es blieb General Brock nichts übrig, als die Empfehlung zu erlassen, daß sich die Milizsoldaten selbst kleiden sollten, — ein dunkler Rock, der sich über der Brust knöpfen ließ, Hosen, wie sie für die betreffende Jahreszeit paßten und ein runder Hut, das war die Montur, die der Miliz empfohlen wurde und die jeder Soldat sich selbst anschaffen mußte; ebenso sollten die Offiziere sich kleiden, damit sie nicht durch abstechende Uniformen den Kugeln der Feinde eine leichte Zielscheibe böten. Auch an Waffen herrschte großer Mangel, der erst nach der Eroberung von Detroit gehoben wurde, wobei 2,500 Musketen in General Brock's Hände fielen und an die Miliz vertheilt wurden. So war auch keine Kriegskasse vorhanden, und Brock daher außer Stande, Proviant, Kleidung und Decken für sein Heer zu kaufen. Dabei stiegen alle Lebensbedürfnisse doppelt und dreifach im Preise, Mehl z. B. wurde zu $8.50 das Faß verkauft, und bald herrschte die größte Noth im Heere; der Hunger fing an, sich fühlbar zu machen und barfuß exerzierten ganze canadische Miliz-Compagnieen vor ihrem tapferen Commandeur, General Brock. Endlich jedoch gelang es letzterem, wenigstens einige Tausend Pfund Sterling zu erlangen, und damit der größten Noth in seinem Heere zu steuern.

Nicht genug mit diesem Mangel an Soldaten, Geld, Waffen und Proviant, hatte General Brock mit noch einer anderen Schwierigkeit zu kämpfen, die alle anderen weit übertagte, und aus dem gemischten Charakter der damaligen canadischen Bevölkerung erwuchs. Zwar fehlte es nicht an einem starken, loyalen Elemente, das seit 1784 von den Staaten herübergekommen war, und sich schon während und nach dem Unabhängigkeitskriege hier auf britischem Boden unter dem Banner ihrer Väter eine neue Heimath gegründet hatte. Aber zugleich mit diesen englischen Loyalisten war besonders unter dem ersten Gouverneur von Ober-Canada, General Simcoe, seit 1792 eine große Anzahl von Yankee-Spekulanten nach Canada geströmt, die wohlfeiles Land hier suchten, und schnell zu Reichthum und Einfluß gelangten, aber nichts von Liebe und Anhänglichkeit für dieses Land Canada fühlten, das ihnen eine neue Heimath bot, und sie mit offenen Armen empfangen hatte.

Die Loyalisten hatten sich meist niedergelassen

EVERY FARMER
HIS OWN
MILLER

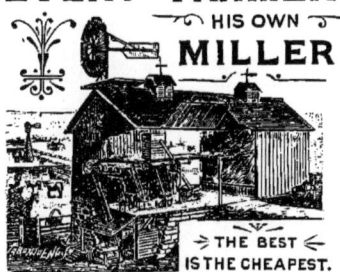

→ THE BEST ←
IS THE CHEAPEST.

Gebraucht die **Halladay Standard Triebwerk Windmühle, J. X. L.**, (Ei= serne Futtermühle, und besorgt Euer Mahlen selbst zu Hause, womit Ihr Euch den Mehlzoll in der Mühle und die Arbeit des Hin= und Her= fahrens erspart. Diese Arbeit kann an regneri= schen, stürmischen Tagen gethan werden, wenn die Arbeit draußen auf der Farm unmöglich ist. Dieselbe Mühle schneidet auch Kornstengel, sägt Holz, buttert, dreht den Schleifstein, pumpt Wasser, u. s. w.

Wir fabriziren die **Halladay Standard Triebwerk und Pumpen Windmühlen, J. X. L.**, eiserne Fut= termühlen, Dampfbrunnenbohr Maschinen, Sägetische, Standard Heuwerkzeuge, und eine ganze Reihe von Wasser= behältern, Tankzubehör, und eiserne sowohl wie hölzerne Pumpen für die Farm, die Stadt und Eisenbahn und solche, die als Zierrath gewünscht werden.

Halladay Standard Windmühlen,

Zur beständigen Lieferung reinen und frischen Was= sers für folgende Zwecke:

Pumpen Wasser,
Für Vieh, Farmgebäude,
Stadthäuser, Gärten,
Sommerwohnungen,
Oeffentliche Gebäude,
Treibhäuser, Stadt= und
Dorf=Wasserleitungen,
Hotels, Schulen,
Pumpen für
Eisenbahnstationen,
Feuerwehr, Bewässerung,
Gerbereien, Brauereien,
Abzugskanäle,
Bergwerke,
Drainirarbeit.

Diese berühmten Windmühlen werden mit Durchmessern von 10 bis 30 Fuß gemacht. Sie laufen sich bei stürmischem Wetter vollständig be= herrschen, und bleiben stets in gleichem Tempo. Wegen Zusendung von Kostenfreien Katalogen und Preislisten, mit zahlreichen Referenzen wende man sich gefälligst an die

ONTARIO PUMP COMPANY,
Toronto, Ontario.

☞ Bei Bestellungen erwähne man gefälligst diesen Kalender. ☜

Guelph Geschäfts=Collegium,
GUELPH, ONTARIO.

Junge Herren und Damen erhalten in diesem Collegium eine erfolgreiche Geschäfts=Erziehung, lernen sich selbst zu ernähren, wie man Geld macht, und wie man unternehmende und brauchbare Bürger wird.

Vollständige Geschäfts=Kenntnisse, sowohl in Theorie wie in Praxis, eine tägliche Uebung in praktischer Buchführung, Mercantil=, Bank= und Office=Arbeit involvirend, ist ein Hauptpunkt unseres Erziehungs= Systems.

Die zwei besten sich im Gebrauche befindlichen Methoden zur Erlernung der Stenographie, werden nach einer in diesem Collegium eigenthümlichen Art gelehrt, und führt dieselbe zu guten Erfolgen in möglichst kurzer Zeit.

Buchstabenschrift, ein unbedingt nöthiges Anhängsel der Schnellschreibekunst, (Stenographie) wird erfolgreich gelehrt.

Schönschreiben, für Geschäftszwecke, Zeichnen und Verzierungs=Arbeiten werden von zwei erfahrenen Lehrern gelehrt.

Unterricht in der französischen Sprache wird nach der neuesten „Natürlichen Methode" mit wunderbarem Erfolge ertheilt. Ein sechs=monatlicher Cursus setzt den Studenten in den Stand, die französische Sprache in einer intelligenten Weise zu reden, dieselbe zu übersetzen, und mit Vergnügen und Zufriedenheit die großen Werke französischer Literatur zu lesen.

Junge Herren und Damen, welche die dazu nöthige Energie und Ehrsucht besitzen, haben hier eine gute Gelegenheit, ihre Talente zu cultiviren, und sich für irgend einen Geschäftszweig des Lebens heranzubilden.

Wenn man die Vortheile und Qualität unseres Unterrichtswesens in Betracht zieht, so wird man finden, daß unsere Schulgebühren die niedrigsten in Canada sind.

Der Eintritt in dieses Collegium ist jederzeit gestattet, aber gerade „jetzt" ist immer die beste Zeit, die Ar= beit der Ausbildung zu beginnen.—Für Circulare und Gebühren adressire man,

M. MacCORMICK, Principal.

Der fünfte Monat Mai 1892.

Wochen Tage.	M. T.	Feste und Namenstage.	Kalender für Berlin, Ontario. Sonnen Auf- und Untergang		Mond A. u. U.	Mondes-Viertel, Aspekten der Planeten, ꝛc.	Kalender für Winnipeg, Man. Sonnen Auf- und Untergang		Mond A. u. U.	[illegible]	Monds Zeichen
18) Mise Domini. Joh. 10, 12–16. Pet. 2, 21–25.						Vom guten Hirten.	Tagesl. Berlin, 14 S. 00 M.	Winnipeg, 14 S. 34 M.			
Sonn	1	**Phil. u. Jak.**	5 0	7 0	Morg	☿ Stillstand. ⌒	4 43	7 17	Morg	3	♋ 1
Mont	2	Sigismund	4 58	7 2	12 14	♂ g. a. 12 36 Morgens.	4 40	7 20	12 7	3	♋ 13
Dienst	3	†**Auffindung**	4 57	7 3	1 0	☽ 3. ♃ g.a. 3 45 Mor.	4 39	7 21	12 54	3	♋ 27
Mittw	4	Florianus,	4 56	7 4	1 36	Sirius g. u. 8 46 Abends	4 38	7 22	1 32	3	♌ 6
Donn	5	Gotthard	4 55	7 5	2 8	☿ in Aph. 7* g.u. 8 16 A.	4 37	7 23	2 4	3	♌ 18
Freit	6	Aggäus	4 53	7 7	2 27	☌ ♄ ☽ ♄ g.u. 2 57 M.	4 36	7 24	2 23	4	♍ 1
Samst	7	Flavia	4 52	7 8	2 53	♀ g. u. 10 41 Abends.	4 35	7 25	2 50	4	♍ 13
19) Jubilate. Joh. 16, 16–23. 1. Pet. 2, 11–28.						Ueber ein Kleines.	Tagesl. Berlin, 14 S. 18 M.	Winnipeg 14 S. 52 M.			
Sonn	8	Stanislaus	4 51	7 09	3 20	Spica süd 10 16 Abends.	4 34	7 26	3 17	4	♍ 26
Mont	9	Hiob	4 50	7 10	3 50	☽ in Apo. ♂ g.a. 12 17 M	4 33	7 27	3 47	4	♎ 10
Dienst	10	Gordianus	4 49	7 11	4 20	☌ ♅ ☽ Wega s 3 0 Mor.	4 32	7 28	4 13	4	♎ 24
Mittw	11	Mamertus	4 48	7 12	☽ g.a.	○ 11. ♃ g.a. 3 17 Mor.	4 31	7 29	☽ g.a.	4	♏ 8
Donn	12	Pankratius	4 46	7 14	8 15	Aldebaran g. u. 8 6 Abs.	4 29	7 31	8 20	4	♏ 22
Freit	13	Servatius	4 45	7 15	9 06	♄ g. u. 2 30 Morgens.	4 28	7 32	9 16	4	♐ 7
Samst	14	Christian	4 44	7 16	9 54	♀ g. u. 10 40 Abends.	4 27	7 33	10 3	4	♐ 22
20) Cantate. Joh. 16, 5–16. Jak. 1, 16–21.						Christi Heimgang zum Vater.	Tagesl. Berlin, 14 S. 34 M.	Winnipeg, 15 S. 8 M.			
Sonn	15	Sophia	4 43	7 17	10 36	Rigel g. u. 8 12 Ab. ⌣	4 26	7 34	10 40	4	♑ 7
Mont	16	Peregrinus	4 42	7 18	11 42	Librae süd 11 34 Abends	4 24	7 36	11 52	4	♑ 22
Dienst	17	Jodocus	4 41	7 19	Morg	☿ g. W. West ☿ g.a. 3 50 M	4 23	7 37	Morg	4	♒ 6
Mittw	18	Erich	4 40	7 20	12 03	Regulus g. u. 12 4 Mor.	4 22	7 38	12 0	4	♒ 20
Donn	19	Potentia	4 39	7 21	12 41	☾ 19. ♂ g. a. 11 58 Ab.	4 20	7 40	12 31	4	♓ 4
Freit	20	Torpetus	4 38	7 22	1 19	♄ g. u. 2 2 Morgens.	4 19	7 41	1 10	4	♓ 17
Samst	21	Prudens	4 37	7 23	1 49	☉ tritt in ♊	4 17	4 43	1 40	4	♈ 0
21) Rogate. Joh. 16, 23–35. Jak. 1, 22–27.						So ihr den Vater bittet.	Tagesl. Berlin, 14 S. 48 M.	Winnipeg, 15 S. 28 M.			
Sonn	22	Helena	4 36	7 24	2 19	☌ ♃ ☽ ♃ g.a. 2 39 M.	4 16	7 44	2 10	4	♈ 13
Mont	23	Esther	4 35	7 25	2 49	♀ g. u. 10 30 Abends.	4 15	7 45	2 40	4	♈ 26
Dienst	24	**Victoria**	4 35	7 25	3 20	☽ in Per. ☌ ☿ ☽	4 14	7 46	3 10	3	♉ 9
Mittw	25	Urbanus	4 34	7 26	3 52	☿ gr. Hel. Lat. s. ☽ in ☊	4 13	7 47	3 42	3	♉ 21
Donn	26	**Ch. Himmelf**	4 33	7 27	☽ g.u.	● 26. ♄ Stillst. ☌ ♆ ☽	4 12	7 48	☽ g.u.	3	♊ 3
Freit	27	Lucianus	4 32	7 28	9 10	♄ g. u. 1 33 Morgens.	4 11	7 49	8 57	3	♊ 15
Samst	28	Wilhelm	4 32	7 28	10 0	♂ g. a. 11 38 Abends.	4 11	7 49	9 43	3	♊ 17
22) Exaudi. Joh. 15, 26, 16–4. 1. Pet. 4, 8–11.						Wenn der Tröster kommen wird.	Tagesl. Berlin, 14 St. 58 M.	Winnipeg 15 St. 40 M.			
Sonn	29	Maximilian	4 31	7 29	11 0	♃ g. a. 2 16 Morgens ⌒	4 10	7 50	19 44	3	♋ 9
Mont	30	Wigand	4 30	7 30	11 43	☌ ♀ ☽ ☌ ♆ ☉	4 9	7 51	11 28	3	♋ 21
Dien	31	Manilius	4 29	7 31	Morg	♀ g. u. 10 20 Abends.	4 8	7 52	11 58	3	♌ 3

Mondwechsel.

	BERLIN U. M.	WINNIPEG U. M.
Erstes Viertel	3, 1 55 Nachm.	3, 12 39 Mittags
Vollmond	11, 5 43 Abends	11, 4 27 Nachm.
Letztes Viertel	19, 9 36 Vorm.	19, 8 20 Morg.
Neumond	26, 12 33 Morg.	25, 11 17 Abends

Muthmaßliche Witterung.

Den 1 2 Regen, 3 4 5 Wechsel, 6 7 8 warm, 9 10 11 schön, 12 13 14 15 Staub, 16 17 Regen, 18 hell, 19 20 Wechsel, 21 22 Regen, 23 24 25 26 schön und kühl, 27 28 hell, 29 30 trüb, 31 hell.

hat 31 Tage.

Notiz-Calender.

1
2
3
4
5
6
7
8
9
10
11
12
13
14
15
16
17
18
19
20
21
22
23
24
25
26
27
28
29
30
31

am Ufer des St. Lorenz, an der Bucht von Quinte, an der Niagara Grenze, und einige von ihnen in Toronto, dem damaligen York, und seiner Nachbarschaft. Westlich von Toronto jedoch bis hin an den Detroit Fluß war die Bevölkerung eine sehr gemischte, bestehend aus den später gekommenen Loyalisten und den Yankee-Ansiedlern, die, wie gesagt, hier nur die Förderung ihrer eigenen Interessen und schnellen Reichthum suchten.

Ihre Zahl war durchaus nicht gering, und wo sie immer wohnten, säten sie Haß gegen England und verbreiteten die revolutionären Ideen, in denen sie aufgewachsen waren. Es kann uns nicht Wunder nehmen, wenn unter diesen Umständen viel Unzufriedenheit mit der Regierung herrschte, wenn zahlreiche Klagen laut wurden und wenn ein Theil der canadischen Bevölkerung ganz unverhohlen den Wunsch aussprach, von England frei zu werden, und sich auf immer mit den Ver. Staaten zu verschmelzen.

Die Regierung der letzteren war von dieser Stimmung wohl unterrichtet. Seit Jahren auf die Eroberung unseres Landes sinnend, hatte sie hier zahlreiche Emissäre und Spione unterhalten, die im Verein mit einigen Yankee-Zeitungen das Feuer der Unzufriedenheit schürten, und immer neuen Samen der Unloyalität säten. Durch sie war die Regierung der Vereinigten Staaten endlich zu der Ueberzeugung gelangt, daß Canada nichts sehnlicher wünschte, als erobert zu werden, und als daher Präsident Madisen an jenem 18. Juni, 1812, seine Kriegserklärung erließ, that er es unter dem Eindruck und in dem festen Glauben, daß ihm Canada sofort bereitwilligst zufallen, und daß der Krieg ein unblutiges Ende ohne einen einzigen Schwertstreich nehmen werde. Doch die Vereinigten Staaten irrten sich. Die überwiegende Mehrheit des canadischen Volkes stand damals wie heute fest und loyal zu seinem angestammten Mutterlande, England, und war entschlossen, Blut und Leben dafür einzusetzen gegen jeden Feind, von innen und von außen. Hätte die Regierung der Vereinigten Staaten das von vornherein gewußt, so wäre der Krieg von 1812–1814 zwischen Canada und den Vereinigten Staaten wahrscheinlich nie erklärt worden.

Doch das waren die Umstände, unter denen General Brock zur Vertheidigung unseres Landes auszog. Ein zehnfach überlegener Feind, Mangel an allem Kriegsbedarf, und der Verrath im eigenen Lande lauernd—das waren Schwierigkeiten, die wohl den Muth der tapfersten Soldaten hätten brechen können; doch General Brock zögerte nicht einen Augenblick. Er zog aus, die Pflicht zu erfüllen, die ihm oblag; mochte sie ihn zum Siege führen, zur Niederlage oder zum Tode,—darnach fragte er nicht; als ein britischer Held zog er einfach mit seinem kleinen Heere hinaus in den Kampf.

Was zu erwarten war, geschah. Verrath und Treulosigkeit im eigenen Lande suchte dem Feinde in die Hände zu spielen, und nicht geringe Anstrengungen kostete es General Brock, bis es ihm endlich gelang, Herr darüber zu werden. Kriegsgesetz mußte über das ganze Land hin proklamirt werden; eine große Anzahl von Leuten, die der verrätherischen Verbindung mit dem Feinde verdächtig waren, wurden eingezogen und mehrere hingerichtet, während andere klüger wurden, oder über die Grenze flohen; doch endlich sah sich das Land fast gänzlich von dieser Klasse von Leuten gesäubert.

Unterdessen war es längst zu den ersten Zusammenstößen mit den Feinden gekommen, die trotz ihrer großen Ueberlegenheit, fast überall Niederlagen erlitten. Nachdem General Brock mehrere kleine Scharmützel siegreich bestanden hatte, eroberte er am 17. Juli Fort Michilimakinack, und nahm am 16. August Detroit ein, wo der amerikanische General Hull capitulirte, ohne einen Schuß gefeuert zu haben. Brock machte 2,500 Gefangene und eroberte 33 Kanonen, während sein eigenes Heer nur aus 1330 Mann bestand.

Dieser Sieg übte eine magische Wirkung auf die Bevölkerung von ganz Canada aus. Die Furchtsamen bekamen Muth, die Schwankenden wurden fest, und nur die Unloyalen feige. Viele von den letzteren verließen Canada, und viele von ihnen wurden noch Vertheidiger des Landes, das sie zuerst schmählich in die Hände der Feinde hatten liefern wollen.

Wir können den wechselnden Verlauf dieses Krieges nicht in allen seinen Einzelnheiten verfolgen, sondern nur noch einige Andeutungen machen, und dann den Ausgang desselben berichten. Der tapfere und in Canada unvergeßliche General Brock fiel leider am 13. Oktober, 1812, in der Schlacht bei Queenston, indem er, nachdem ihm sank sein Adjutant, von Kugeln durchbohrt, nieder. General Schraff jedoch ergriff das Kommando und schlug die Feinde siegreich in die Flucht. Auch im folgenden Jahre erlitten die Yankees Niederlagen bei Niagara, Champlain und St. Regis, obgleich sie zur See etwas erfolgreicher waren, und einige englische Schiffe kaperten. Wieder waren die Canabier siegreich bei Brownstown, dann bei Ogdensburg, Stoney Creek, Lewiston, Buffalo, Black Rock, u. s. w.; leider jedoch drehte sich das Kriegsglück und der britische General Proctor erlitt zusammen mit seinem tapferen Bundesgenossen, dem berühmten Indianerhäuptling Tecumseh, eine schwere Niederlage bei Moraviantown.

Der Krieg spann sich hinüber in das Jahr 1814, und hin und her wogte das Geschick, einmal die canadischen, dann wieder die amerikanischen Truppen begünstigend; doch nie gelang es letzteren, einen entscheidenden Vortheil zu erringen. Bei Lecolle Mill siegten die Canadier am 31. März, auch gelang es ihnen am 4. Juni bei Oswego den Amerikanern eine erhebliche Schlappe beizubringen; um so schmerzlicher war es für sie, daß sie durch die Unentschiedenheit ihres Anführers, General Sir George Prevost, bei Sackett's Harbor zurückgeschlagen wurden; damit nicht genug, verloren sie am 3. Juli auch Fort Erie, und als zwei Tage später der britische General Riell mit 2,400 Mann in der Nähe von Hamilton ein Heer von 4,000 Amerikanern angriff, mußte er sich trotz aller Tapferkeit seines kleinen Heeres doch endlich zurückziehen.

Am 25. Juli stießen die beiden Heere abermals zusammen, und zwar bei Lundy's Lane, in der Nähe der Niagara Fällen. Dies war eine der heftigsten Schlachten, die im ganzen Verlauf des Krieges geschlagen wurden; die canadischen Truppen unter ihren Generalen Riell und Drummond eröffneten die Attacke am genannten Tage um 5 Uhr Nachmittags, und gegen Mitternacht fielen die Amerikaner auf Chippawa zurück. Der Sieg war auf Seiten der Canadier, doch verloren sie 900 Mann an Todten, Verwundeten und Gefangenen; unter letzteren befand sich leider auch General Riell. Der Verlust der Amerikaner war 1,200, und auch ihr General wurde verwundet und gefangen genommen.

Zwei Schlachten, am 15. August und 17. September, wurden bei Fort Erie geschlagen, bei denen beide Theile einen Verlust von 600 Mann erlitten; bald darauf siegten die Canabier wieder bei Prairie du Chien und Fort Mackinac, wurden am Champlain See geschlagen und wetzten am 5. November diese Scharte wieder aus, indem sie erblich die Amerikaner aus Fort Erie vertrieben. Dieß war der letzte Akt des langen, blutigen Dramas; ihm folgte nur noch die unglückliche Schlacht bei New Orleans, in der die Amerikaner siegten. Hiermit hatte der Krieg sein Ende erreicht. Am 25. Decem-

Regulationen für Heimstätten.

Alle gerade-nummerirten Sektionen der Regierungsländereien, in Manitoba und den nordwestlichen Territorien außer 8 und 26 können, soweit sie nicht bereits aufgenommen, als Nutzholzstellen für die Ansiedler oder für andere Zwecke reserviert worden sind, von Einwanderern als Heimstätten aufgenommen und besiedelt werden. Der Heimstättler muß ein thatsächliches Familienhaupt oder ein Mann von über achtzehn Jahren sein. Jede Heimstätte umfaßt eine Viertelsection von 160 Ackern, mehr oder weniger.

Einschreibung.

Heimstättler können sich entweder persönlich auf dem Landbureau, zu dem das aufzunehmende Land gehört, einfinden und einschreiben lassen, wenn sie wollen, können sie sich auch an den Minister des Innern in Ottawa oder an den Commissionär von Regierungsländereien in Winnipeg wenden, die ermächtigt sind, irgend eine andere Person, durch die sich der Heimstättler einschreiben lassen will, dazu zu authorisiren. Die Einschreibegebühren für eine gewöhnliche Heimstätte betragen $10.00; für Land jedoch, das bereits vorher aufgenommen gewesen war, wird außerdem noch $10.00 für Inspicirung und Annullirung früherer Besitztitel berechnet.

Pflichten der Heimstättler.

Unter den jetzigen Gesetzen kann der Heimstättler seine Pflichten auf dreifache Weise erfüllen, und hat er sich bei seiner Einschreibung zu erklären, unter welchen von den folgenden Bedingungen er sein Land zu halten beabsichtigt:

1. Dreijährige Bearbeitung und Bewohnung, während welcher Zeit sich der Ansiedler in keinem Jahre länger als sechs Monate von seinem Lande entfernen darf, wenn er sein Eigenthum nicht verlieren will.

2. Dreijährige Wohnung nicht weiter als zwei Meilen von der aufgenommenen Heimstätte entfernt und denn vor der Applikation um Einschreibung dreimonatliche Bewohnung der Heimstätte in einem bewohnbaren Hause. Unter diesem System müssen im ersten Jahr nach der Einschreibung 10 Acker gepflügt werden, weitere 15 im zweiten und noch weitere 15 im dritten Jahre. Im zweiten Jahre müssen zehn und im dritten Jahr 25 Acker eingesät werden.

3. Das Fünf-Jahre System, unter welchem der Ansiedler die beiden ersten Jahre irgendwo wohnen kann, (er muß jedoch zur Sicherung seiner Heimstätte sechs Monate nach seiner Einschreibung mit der Cultivation seines Landes beginnen): das erste Jahr hat er fünf Acker umzupflügen und das zweite Jahr 10, auch hat er vor Ende des zweiten Jahres ein bewohnbares Haus zu errichten. Zwei Jahre nach seiner Einschreibung muß der Ansiedler anfangen, thatsächlich auf seinem Lande zu wohnen, und muß er während der nächsten drei Jahre jährlich wenigstens sechs Monate auf seinem Lande wohnen und dasselbe bearbeiten.

Die Erlangung des Patents

Geschieht auf ein Gesuch hin, das der Heimstättler entweder an den Lokalagenten, irgend einen Heimstätten-Inspektor, oder an den Intelligenz-Beamten in Medicine Hat oder Qu'Appelle Station richten kann. Sechs Monate jedoch, ehe der Ansiedler das Gesuch um sein Patent einreicht, muß er dem Commissionär der Regierungs-Ländereien schriftliche Notiz davon geben, daß er um sein Patent einzukommen gedenkt.

Intelligenz-Aemter

sind in Medicine Hat und Qu'Appelle Station etablirt worden. Neu eintreffende Immigranten können auf diesen Aemtern Auskunft über die noch freien und zur Verfügung stehenden Ländereien erhalten, und werden die angestellten Beamten den Einwanderern kostenfreie Rathschläge ertheilen und alle Hilfe leisten, die der Immigrant braucht, um eine Heimstätte zu erlangen.

Eine zweite Heimstätte

kann jeder aufnehmen, der bereits ein Heimstätte-Patent erlangt hat, oder sich im Besitz eines vom Commissionär der Regierungsländereien gegengezeichneten Empfehlungs-Zeugnisses befindet, das er auf seine Eingabe um ein Patent erhalten hat; auch kann eine zweite Heimstätte aufnehmen, wer sich den Besitztitel für seine erste Heimstätte am oder vor dem 2. Juni, 1887 erworben hat.

Auskunft.

Eingehende Auskunft über die mit Bezug auf Land, Waldungen, Kohlen und Mineralien erlassenen Gesetze, und gedruckte Exemplare dieser Gesetze sowohl, wie auch diejenigen, die sich auf die Eisenbahngürtel von Britisch Columbien gelegenen Regierungsländereien beziehen, werden bereitwillig jedem zugestellt, der sich darum an den Sekretär des Departements des Innern in Ottawa wendet, an den Commissionär der Regierungs-Ländereien in Winnipeg, Manitoba, oder an irgend einen Landagenten der Regierung in Manitoba oder dem Nordwesten.

A. M. Burgeß,
Deputy Minister des Innern.

Der sechste Monat Juni 1892.

Wochen Tage.	M. T.	Feste und Namenstage.	Kalender für Berlin, Ontario. Sonnen Auf-	und Untergang	Monds A. u. U.	Mondes-Viertel, Aspekten der Planeten, 2c.	Kalender für Winnipeg, Man. Sonnen Auf-	und Untergang	Monds A. u. U.	[illegible]	Monds Zeichen
Mittw	1	Nicodemus	4 28	7 32	12 0	Spica süd. 8 41 Abs. ⌒	4 7	7 53	Morg	2	♌ 15
Donn	2	Marcellus	4 28	7 32	12 30	☽ 2. ♀ gr. Hellst. Schein	4 7	7 53	12 20	2	♌ 27
Freit	3	Erasmus	4 27	7 33	12 47	☌ ♄ ☽ ♄ g. u. 1 7 M.	4 6	7 54	12 40	2	♍ 9
Samst	4	Darius.	4 27	7 33	1 18	Librae süd 10 17 Abends.	4 6	7 54	1 8	2	♍ 22
23) Pfingsten. Joh. 14, 23-31. Apostg. 2, 1-13.						Sendung des Heil. Geistes. Tagesl.	Berlin, 15 S. 8 M. Winnipeg, 15 S. 50 M.				
Sonn	5	**Pfingstsonnt**	4 26	7 34	1 48	☽ in Per. ♃ g.a. 1 52 M.	4 5	7 55	1 40	2	♎ 5
Mont	6	**Pfingstmont**	4 26	7 34	2 10	☌ ♅ ☽ ♂ g.a. 11 13 A	4 5	7 55	2 0	2	♎ 18
Dienst	7	Lucretia	4 25	7 35	2 40	♀ g.u. 10 3 Abs. ☽ in ☋	4 4	7 56	2 30	1	♏ 1
Mittw	8	**Quatember**	4 25	7 35	3 10	Antares süd 11 12 Abs.	4 4	7 56	3 0	1	♏ 16
Donn	9	Barnimus	4 25	7 35	3 40	Arctur süd 8 58 Abends.	4 3	7 57	3 30	1	♐ 0
Freit	10	Flavius	4 24	7 36	☽ g.a.	○ 10. ☌ ☿ ♆	4 3	7 57	☽ g.a.	1	♐ 15
Samst	11	Barnabas	4 24	7 36	8 49	♄ g. u. 12 35 Morg. ⌣	4 3	7 57	9 10	1	♑ 0
24) Trinitatisfest. Joh. 3, 1-15. Röm. 11, 35-36.						Christi Gespräch mit Nicodemus. Tagesl.	Berlin, 15 S. 14 M. Winnipeg, 15 S. 56 M.				
Sonn	12	Basilides	4 23	7 37	9 42	♃ g. a. 1 26 Morgens.	4 2	7 58	9 54	1	♑ 15
Mont	13	Tobias	4 23	7 37	10 38	☿ in ☊ ♂ g.a. 10 54 A.	4 2	7 58	10 49	0	♒ 0
Dienst	14	Helisäus	4 23	7 37	11 21	□ ♄ ☉ ☌ ♂ ☽	4 2	7 58	11 32	⊓	♒ 15
Mittw	15	Vitus	4 22	7 38	11 54	♀ g. u. 9 30 Abends.	4 2	7 58	11 59	⊤	♓ 0
Donn	16	**Frohnleichn.**	4 22	7 38	Morg	*7 g. a. 2 35 Morgens.	4 1	7 59	Morg	0	♓ 14
Freit	17	Laura	4 22	7 38	12 20	☾ 17. ♀ Stillstand.	4 1	7 59	12 10	1	♓ 27
Samst	18	Arnolphus	4 22	7 38	12 46	☿ in Perihelion.	4 1	7 59	12 36	1	♈ 11
25) 1. Sonntag nach Trinitatis. Luk. 14, 16-24. 1. Joh. 3, 13-18.						Vom reichen Manne. Tagesl.	Berlin, 15 S. 16 M. Winnipeg, 15 S. 58 M.				
Sonn	19	Gervasius	4 22	7 38	1 30	♀ in ☋ ♃ gr. Hel. Lat. S.	4 1	7 59	1 20	1	♈ 24
Mont	20	Sylverius	4 21	7 39	1 54	☉ tr. in ♋ 1. Tag ☽ in ☊	4 0	8 0	1 44	1	♉ 6
Dienst	21	Raphael	4 22	7 38	2 22	☽ in Per. ♃ g.a. 12 53 A	4 1	7 59	2 12	1	♉ 19
Mittw	22	Achatius	4 22	7 38	2 50	☌ ♆ ☽ ♂ g.a. 10 26 M.	4 1	7 59	2 39	2	♊ 0
Donn	23	Agrippa	4 22	7 38	3 36	♄ g. u. 11 47 Abends.	4 1	7 59	3 27	2	♊ 12
Freit	24	**Joh d Täufer**	4 22	7 38	☽ g.u.	● 24. ☌ ☿ ☽	4 1	7 59	☽ g.u.	2	♊ 24
Samst	25	Elogius	4 23	7 37	8 50	☌ ♀ ☽ ♀ g.u. 8 30 A. ⌒	4 2	7 59	9 1	2	♋ 6
26) 2. Sonntag nach Trinitatis. Luk. 14, 16-24. Joh. 3, 13-18.						Vom großen Abendmahl. Tagesl.	Berlin, 15 S. 14 M. Winnipeg, 15 S. 56 M.				
Sonn	26	Jeremias	4 23	7 37	9 50	♃ g. a. 12 35 Morgens.	4 2	7 58	10 2	1	♋ 18
Mont	27	7 Schläfer	4 23	7 37	10 25	Markab süd 4 37 Morg.	4 2	7 58	10 30	3	♌ 0
Dienst	28	Leo	4 23	7 37	10 49	☿ gr. Hell. Lat. N.	4 2	7 58	10 54	3	♌ 12
Mittw	29	**Peter u Paul**	4 24	7 36	11 3	♂ geht auf 10 4	4 3	7 57	11 12	3	♌ 24
Donn	30	Lucina	4 24	7 36	11 34	☌ ♄ ☽ ♄ g.u. 11 20 Ab.	4 4	7 56	11 44	3	♍ 6

Mondwechsel.

	BERLIN.		WINNIPEG.	
		U. M.		U. M.
Erstes Viertel	2,	4 35 Morg.	2,	3 19 Morg.
Vollmond	10,	8 16 Vorm.	10,	7 28 Morg.
Letztes Viertel	17,	3 44 Abends	17,	2 28 Abends
Neumond	24,	8 50 Vorm.	24,	7 34 Morg.

Muthmaßliche Witterung.

Den 1 2 3 Regen, 4 5 schön, 6 7 trüb, 8 9 10 Wechsel, 11 12 Regen, 13 14 hell, 15 16 17 schön, 18 Regen, 19 20 21 hell und warm, 22 23 24 wolkig, 25 26 Regen, 27 28 29 30 schön hell und warm.

hat 30 Tage.

Notiz-Calender.

1
2
3
4
5
6
7
8
9
10
11
12
13
14
15
16
17
18
19
20
21
22
23
24
25
26
27
28
29
30

ber, 1814, zwei Wochen von der Schlacht bei New Orleans, wurde in Ghent der Frieden geschlossen; die Amerikaner erhielten Fort Mackinac und Fort Niagara, Canada aber blieb eine freie britische Colonie, die sich mit bewunderungswürdiger Tapferkeit gegen den zehnfach überlegenen, eroberungslustigen Nachbar gewehrt und obgesiegt hatte.

Fast 80 Jahre sind seitdem vergangen, aber derselbe Patriotismus, der Canada in 1812 beseelte, erfüllt auch heute noch die Brust jedes echten Canadiers, und wieder würden heute wie damals Canada's Männer um ihre Standarte sich sammeln, wenn es gälte, einem Eindringling zu wehren, und Haus und Herd gegen irgend einen eroberungssüchtigen Feind zu vertheidigen. Und wie vor 80 Jahren, so würde der Sieg wieder auf Canada's Seite bleiben, denn unbezwinglich ist ein Heer, das für sein Vaterland kämpft, für seine Heimath und seine Ehre.

Mögen andere es versuchen, unser Canada auf den Schleichwegen der Diplomatie und der Politik in die Hände der Vereinigten Staaten zu spielen; auch sie erwartet nichts als schimpfliche Niederlage, wie die Verräther, die in 1812 ihr eigenes Heimathland dem Feinde überliefern wollten. Zu eng sind alle Interessen Canada's mit Alt-England verknüpft, zu warm schlagen die Herzen der Canabier für das große britische Reich und sein angestammtes Herrscherhaus, und zu wohl befindet sich unser Land unter seinen ausgezeichneten Gesetzen und Institutionen aller Art, als daß es je daran denken könnte, das alles für das Sternenbanner der Staaten und für ihr glänzendes Elend zu vertauschen.

Wohl war ganz Canada am Schlusse jenes langen Krieges schwer erschöpft, und viele Jahre nahm es, ehe alle die Wunden heilten. Aber auch die Vaterlandsliebe und Loyalität der ganzen Nation war dadurch mächtig erweckt worden und glüht noch heute im Herzen des canadischen Volkes vom Atlantischen bis weit hin zum Stillen Ocean.

Dort aber, wo der mächtige Niagara Fall sich brausend Jahrtausend nach Jahrtausend über die Felsen stürzt, dort hat das dankbare canadische Volk ein Denkmal errichtet, das das Gedächtniß an jene sturmbewegte Zeit frisch erhält, und der Nachwelt von den Kriegen und Siegen erzählt, in denen einst Canada zur Vertheidigung gegen einen mächtigen Feind kämpfte. Auf dem Monument erhebt sich die Figur eines canadischen Kriegers, der weit hinausblickt in das Land, für welches er einst so ruhmreich stritt und so tapfer starb. Es ist die Statue eines der edelsten Söhne Canada's, den die tödtliche Kugel dort niederstreckte,—die Statue des heldenmüthigen Ritters und Generals Sir Isaac Brock.

Graf Hellmuth v. Moltke.

Unter den großen Todten, die das Jahr 1891 aufzuzählen hatte, ist keiner, dessen Name glänzender strahlen wird in der Geschichte der Nachwelt, als der des Feldmarschalls Hellmuth von Moltke, und selten hat auf dieser Erde eine innigere und allgemeinere Trauer stattgefunden, als, da die electrischen Drähte die Kunde über Land und Meer trugen, daß der greise Feldmarschall am 24. April, 1891, in seinem Palais in Berlin entschlummert und hinübergegangen sei zur großen Armee.

Moltke war am 26. Oktober, 1800, zu Parchim, in Mecklenburg, geboren, und trat, nachdem er das Kadettencorps in Kopenhagen absolvirt hatte, in 1822 in preußische Militärdienste. Von Anfang an zeichnete er sich durch seinen Geist und seine gediegenen Kenntnisse aus. Die Jahre 1835-1839 brachte er in türkischen Diensten zu, und als er aus dem Orient zurückgekehrt war, verheirathete er sich mit seiner Stiefnichte, einer Engländerin, Marie von Burt; seine Ehe jedoch ist kinderlos geblieben.

In den preußischen Dienst zurückgekehrt, avancirte er schnell von Charge zu Charge, bis er endlich in 1858 an die Spitze des Generalstabs der Armee berufen wurde, als welcher er sich unsterblichen Ruhm erworben hat.

Was er als solcher geleistet hat, ist in allen fünf Welttheilen bekannt, und wo man von den großen Siegen spricht, die die preußischen und deutschen Waffen in 1864, 1866 und 1870 errungen, da nennt man auch zugleich den Namen Moltke. Die Mitwelt hat sich daran gewöhnt, diese Siege als die Ergebnisse tiefer Kriegswissenschaftlicher Berechnungen anzusehen, und denkt sich Moltke, wie er über die Karte von Frankreich gebeugt, in Berlin den Stein ausrechnet, bei dem er bei Sedan Napoleon gefangen nehmen will. Mag das auch übertrieben sein, so ist doch unzweifelhaft, daß er sich ebenbürtig den größten Strategen der alten und der neuen Zeit an die Seiten stellen darf, und daß sein Genie als Kriegsführer und Schlachtenlenker das Staunen und die Bewunderung des 19. Jahrhunderts gewesen ist. Deutschland fühlte sich sicher, so lange als er lebte, und Deutschlands Feinde fürchteten sich, so lange als er das „deutsche Schwert leitete."

Seit 1867 gehörte Moltke dem norddeutschen, und nach 1870 dem deutschen Reichstage an. Er vertrat den ostpreußischen Wahlkreis Memel-Heidekrug, in dem er stets ohne nennenswerthen Widerstand gewählt wurde. Seiner politischen Gesinnung nach war er ein Konservativer durch und durch, und sein Platz war auf der alleräußersten Rechten. Er stimmte denn auch unentwegt mit den Conservativen, unbekümmert um die Strömung der Zeit, wie ihm denn nichts ferner lag, als ein Haschen nach einer gewissen Popularität. Nur selten ergriff er im Reichstage das Wort und meist nur, wenn es galt, die Bedürfnisse des Heeres gegen die Angriffe der Opposition zu vertheidigen.

Alle Ehren, die ein dankbares Volk und dankbare Herrscher auf das Haupt eines Menschen zu häufen vermögen, sind dem alten Marschall zu Theil geworden. Mit den Dotationen, die er nach den siegreichen Kriegen erhielt, hat er die im Schweidnitzer Kreise gelegene Herrschaft Kreisau angekauft, ein nach den Begriffen anderer Länder bescheidenes Besitzthum, wo er einige Sommermonate in stiller Zurückgezogenheit zu leben pflegte. Seit dem Tode seiner Frau führte ihm seine Schwester den Haushalt, und als auch diese ihm durch den Tod entrissen wurde, haben Neffen und Nichten die Umgebung des greisen Helden gebildet, und seinen Lebensabend erheitert. Seine dienstliche Thätigkeit hatte Moltke bekanntlich bald nach dem Regierungsantritte des jetzigen Kaisers aufgegeben; er hätte es schon früher gethan, wenn an so etwas unter dem alten Wilhelm zu denken gewesen wäre. Der alte Kaiser wollte sich eben von seinen erprobten Paladinen nicht trennen und jeder Andeutung Moltkes, daß er sich zurückziehen möchte, begegnete er mit dem Einwande, er sei auch alt, älter als Moltke, und so lange er es aushalte, könne es der Feldmarschall auch. Indessen erhielt er in der Person des Grafen Walbersee einen Gehülfen und thatsächlich war er schon zu Lebzeiten des alten Kaisers von der Leitung des Generalstabes zurückgetreten.

Von der Bühne der Weltgeschichte ist er nun zwar abgetreten, aber unvergeßlich wird stets sein Name in allen Gauen des deutschen Reiches forttönen, und noch nach Jahrhunderten und Jahrtausenden wird die Weltgeschichte der Nachwelt erzählen von dem Leben und den Thaten jener zwei gewaltigen, deutschen Recken, die in diesem Jahrhundert den entscheidenden Einfluß ausübten—Bismarck und Moltke.

Graf Hellmuth v. Moltke, deutscher Feldmarschall.

Der siebente Monat Juli 1892.

Wochen Tage.	M. T.	Feste und Namenstage.	Kalender für Berlin, Ontario. Sonnen Auf- und Untergang				Monds A. u. U.		Mondes-Viertel, Aspekten der Planeten, 2c.	Kalender für Winnipeg, Man. Sonnen Auf- und Untergang				Monds A. u. U.		U. T.	Monds Zeichen	
Freit	1	Theobald	4	24	7	36	11	54	☽ 1. ☌ ☿ ♀ ⊕ in Aph ⌢	4	5	7	55	11	59	3	♍	18
Samst	2	**Maria Heim.**	4	24	7	36	Morg		♃ g. a. 12 14 Morgens.	4	6	7	54	Morg		4	♎	1
27) 3. Sonntag nach Trinitatis. Luk. 15, 1–10. 1. Pet. 5, 6–11.									Vom verlorenen Schaaf. Tagesl.	Berlin, 15 S. 10 M. Winnipeg, 15 S. 48 M.								
Sonn	3	Cornelius	4	25	7	35	12	3	☽ in Apo. ☌ ♅ ☽	4	6	7	54	12	0	4	♎	14
Mont	4	Ulrich	4	25	7	35	12	33	♀ g. u. 7 40 Abends.	4	7	7	53	12	30	4	♎	27
Dienst	5	Demetrius	4	26	7	34	1	10	♂ g. a. 9 42 Ab. ☽ in ♉	4	8	7	52	1	8	4	♏	10
Mittw	6	John Huß	4	26	7	34	1	36	♂ Stillstand.	4	9	7	51	1	30	5	♏	24
Donn	7	Edelburga	4	27	7	33	2	30	♃ g. a. 11 57 Abends.	4	10	7	50	2	22	5	♐	8
Freit	8	**Kilian**	4	27	7	33	2	35	♄ g. u. 10 50 Abends.	4	10	7	50	3	20	5	♐	27
Samst	9	Zeno	4	28	7	32	☽ g. a.		○ 9. ☌ ♀ ☉ Inf. ⌣	4	11	7	49	☽ g. a.		5	♑	9
28) 4. Sonntag nach Trinitatis. Luk. 6, 36–42. Röm. 8, 18–23.									Vom Splitter im Auge. Tagesl.	Berlin, 15 S. 2 M. Winnipeg, 15 S. 36 M.								
Sonn	10	Israel	4	29	7	31	8	40	Wega g. a. 1 57 Morg.	4	12	7	48	8	50	5	♑	24
Mont	11	Pius	4	29	7	31	9	16	Alt. süd 11 14 Abends.	4	12	7	48	9	54	5	♒	9
Dienst	12	Heinrich	4	30	7	30	9	50	♂ g. a. 9 16 Ab. [Hundst.	4	13	7	47	9	59	5	♒	24
Mittw	13	Margaretha	4	31	7	29	10	17	Or. g. a. 3 50 M. [Anf.	4	14	7	46	10	27	5	♓	9
Donn	14	Bonavent	4	31	7	29	10	40	♄ g. u. 10 27 Abends.	4	15	7	45	10	50	5	♓	23
Freit	15	Apost. Theil	4	32	7	28	11	3	□ ♃ ☉ 7* ſ 12 33 Mor.	4	16	7	44	11	12	6	♈	7
Samst	16	Ruth	4	33	7	27	11	37	☾ 16. ♃ g. a. 11 24 Ab.	4	16	7	44	11	47	6	♈	20
29) 5. Sonntag nach Trinitatis. Luk. 5, 1–11. 1. Pet. 3, 8–15.									Vom Petri Fischzug. Tagesl.	Berlin, 14 S. 52 M. Winnipeg, 15 S. 26 M.								
Sonn	17	Alexius	4	34	7	26	Morg		☽ in Per. Reg. g. u. 8 48 A.	4	17	7	43	Morg		6	♉	3
Mont	18	Maternus	4	35	7	25	12	6	Wega ſ 10 41 Ab. ☽ in ☊	4	18	7	42	12	0	6	♉	15
Dienst	19	Ruffina	4	35	7	25	12	36	♂ g. a. 8 49 Abends.	4	19	7	41	12	30	6	♉	27
Mittw	20	Elias	4	36	7	24	1	34	☌ ♆ ☽ ♄ g. u. 10 5	4	20	7	40	1	30	6	♊	9
Donn	21	Praxedes	4	37	7	23	2	30	☉ tritt in ♌	4	21	7	39	2	24	6	♊	21
Freit	22	**Maria Mag.**	4	38	7	22	3	36	☿ in ♉ ☌ ♀ ☽ ⌢	4	22	7	38	3	20	6	♋	3
Samst	23	Liborius	4	39	7	21	☽ g. u.		● 23. ♀ in Aphelion.	4	23	7	37	☽ g. u.		6	♋	15
30) 6. Sonntag nach Trinitatis. Matth. 5, 20–26. Röm. 6, 3–11									Der Pharisäer Gerechtigkeit. Tagesl.	Berlin, 14 S. 40 M. Winnipeg, 15 S. 12 M.								
Sonn	24	Christina	4	40	7	20	8	24	□ ♅ ☉ ♃ in Perihelion.	4	24	7	36	8	32	6	♋	27
Mont	25	Jakobus	4	41	7	19	8	52	☌ ☿ ☽ Poll. g. u. 8 19 A.	4	26	7	34	8	59	6	♌	9
Dienst	26	Anna	4	42	7	18	9	24	♃ g. a. 10 47 Abends.	4	27	7	33	9	32	6	♌	21
Mittw	27	Martha	4	43	7	17	9	40	☌ ♄ ☽ ♄ g. u. 9 38 Ab.	4	28	7	32	9	50	6	♍	3
Donn	28	Pantaleon	4	44	7	16	10	8	Aldebaran g. a. 12 54 M.	4	29	7	31	10	12	6	♍	15
Freit	29	Beatrix	4	45	7	15	10	28	☿ g. W. Ost. ☿ g. u. 8 20 A.	4	31	7	29	10	32	6	♍	27
Samst	30	Abdon	4	46	7	14	10	58	♂ g. a. 8 1 Abends.	4	32	7	28	10	58	6	♎	10
31) 7. Sonntag nach Trinitatis. Mark. 8, 1–9. Röm. 6, 19–23.									Jesus speist 4,000 Mann. Tagesl.	Berlin, 14 St. 26 M. Winnipeg 14 St. 56 M.								
Sonn	31	Germanus	4	47	7	13	11	10	☽ 31. ☽ in Apo. ♀ Stst.	4	33	7	27	11	24	6	♎	10

Mondwechsel.

	BERLIN.	U. M.		WINNIPEG.	U. M.	
Erstes Viertel	1,	8 75	Abends	1,	7 41	Abends
Vollmond . .	9,	8 27	Abends	9,	7 11	Abends
Letztes Viertel	16,	8 31	Abends	16,	7 15	Abends
Neumond	23,	6 14	Abends	23,	4 58	Abends
Erstes Viertel,	31,	2 29	Nachm.	31,	1 13	Nachm.

Muthmaßliche Witterung.

Den 1 2 schön, 3 4 5 Schauer, 6 7 8 veränderlich, 9 Gewitter, 10 11 12 schön, 13 14 trüb, 15 16 schön, 17 18 Schauer, 19 20 hell, 21 22 23 warm und Gewitter, 24 25 26 schön und warm, 27 28 29 30 31 wärmste Tage.

Notiz-Calender.

1 ......
2 ......
3 ......
4 ......
5 ......
6 ......
7 ......
8 ......
9 ......
10 ......
11 ......
12 ......
13 ......
14 ......
15 ......
16 ......
17 ......
18 ......
19 ......
20 ......
21 ......
22 ......
23 ......
24 ......
25 ......
26 ......
27 ......
28 ......
29 ......
30 ......
31 ......

Sir John Macdonald.

> ...... ihres Volkes besten Todten.
> „Und es sang ein Chor von Männern: Schlaf in deinen Heldenehren."
> August, Graf von Platen.

Von den Ufern des brausenden atlantischen Ocean bis an den Abhang der gewaltigen Felsengebirge und bis an das ferne Gestade des stillen Meeres, senkte sich am 6. Juni, 1891, auf Stadt und Land Canada wehmüthige Trauer, als die Flaggen an unzähligen Halbmästen und die Todtenglocken auf zehntausend Thürmen es ganz Canada verkündigten: „Sir John A. Macdonald ist todt." Mit ihm verlor Canada einen seiner edelsten Söhne, und die Welt einen ihrer größten Staatsmänner.

John Alexander Macdonald, zweiter Sohn von Hugh Macdonald, erblickte am 11. Januar, 1815, das Licht der Welt zu Glasgow, in Schottland. Als er fünf Jahre alt war, kamen seine Eltern über den Ocean und ließen sich in Kingston, Ont., nieder, wo John A., unter welcher Appellation der große Staatsmann noch lange im Gedächtniß seiner Zeitgenossen fortleben wird, aufwuchs, einen nicht unbedeutenden Theil seines Lebens zubrachte, und einige seiner größten Triumphe feierte. Nach absolvirter Schulzeit widmete er sich dem Studium der Rechtsgelehrsamkeit, und bald sahen wir den jungen Advokaten seine ersten Lorbeeren ernten. Bereits im Jahre 1844 wurde er als Repräsentant der Stadt Kingston in's Parlament gewählt, zu dessen Mitgliedern er bis an sein Lebensende gehörte, und in dem ihm seine eminenten Fähigkeiten bald Ansehen und Einfluß verschafften. Es waren bewegte Zeiten damals, voller Unruhen und vielfacher Wechsel, aus denen endlich die Conföderation der canadischen Provinzen hervorging, die am 1. Juli, 1867, proklamirt wurde, und bei der Sir John Macdonald einen so entschiedenen Einfluß ausübte, daß ihm das canadische Volk den Titel des „Vaters unserer Conföderation" beilegte. Seit 1867 war Sir John mit einer kurzen Unterbrechung der Premierminister der canadischen Regierung, und hat unser Land unter seiner tüchtigen Leitung nach allen Richtungen hin die gewaltigsten Fortschritte gemacht. Besonders wurde durch den Bau der Canadischen Pacific Bahn unser ganzer Nordwesten dem Verkehr zugänglich gemacht und der Einwanderung erschlossen, während durch die Einführung des Schutzolls, der sogenannten N. P., unser gesammtes Industriewesen einen nie geahnten Aufschwung genommen hat.

Sein ganzes Leben hindurch hat sich Sir John durch die Loyalität ausgezeichnet, mit der er zu unserem angestammten Mutterlande, England, gestanden hat, und war sein Wahlspruch: „Als ein brittischer Bürger bin ich geboren; als ein brittischer Bürger will ich sterben." Seine Loyalität und seine Verdienste fanden daher auch in England die glänzendste Anerkennung; er wurde in den Ritterstand erhoben, zum Geheimrath der Königin ernannt, und mit Orden und Orden bedeckt; auch verschiedene akademische Ehrentitel wurden ihm von gelehrten Körperschaften verliehen, die er seiner glänzenden Intelligenz verdankte, und die er mit Würde und Auszeichnung trug.

Wieder und wieder erwählte ihn seine Partei als ihren Leiter und legte immer auf's Neue vertrauensvoll die Zügel der Regierung in seine Hand, die sie bis zum Tode fest und treu führte. Zu seiner Ehre darf es gesagt werden, daß Sir John seine hohe Stellung nie dazu mißbraucht hat, sich persönlich zu bereichern. Ueber seinem Sarge stellte ihm der Leiter der Oppositionspartei selbst, sein unerbittlicher, politischer Gegner, Sir Wilfried Laurier, das Ehrenzeugniß aus: „Sir John ist als ein armer Mann gestorben, denn er verschmähte es, seine Stellung zur Erwerbung persönlichen Reichthums zu benutzen." (Es ist dies ein Lob, das zusammen mit Sir John Macdonald's Namen in der canadischen Geschichte verdientermaßen fortleben wird.

Das Begräbniß Sir Johns nahm den Charakter einer nationalen Demonstration an, und während sein Leichnam in Kingston im Beisein der höchsten Würdenträger des Staates und der Kirche und einer unabsehbaren Menschenmenge in die Gruft gesenkt wurde, fanden in zahllosen Städten und Dörfern Canada's großartige Gedächtnißfeierlichkeiten statt, an denen alle Klassen der Bevölkerung sich betheiligten, womit selbst die politischen Gegner des großen canadischen Staatsmannes seine Verdienste um unser Volk und Land anerkannten.

Gekrönt mit Ehren durfte er sein Leben beschließen, bis zum Tode das Vertrauen seiner Partei genießend, und sein Gedächtniß wird in ehrenvoller Weise fortleben unter den kommenden Geschlechtern, so lange es eine Geschichte von Canada giebt.

Das Gewissen.

„Das Gewissen spricht mit Donnerstimme, höre auf seine Warnung."

In einer Stadt Italiens waren einige Schuhmacher beisammen im Wirthshause, die unmäßig tranken und endlich in einen heftigen Streit geriethen. Im Zorne zieht einer sein Messer heraus, stößt es seinem Kameraden ins Herz und läuft sogleich mit seinem blutigen Messer unbemerkt zur Stadt hinaus. Vor dem Thore unter einem Baume findet er einen seiner Kameraden, der auch mitgetrunken hatte, aber vor dem Streit weggegangen war, und nun, auf der Erde liegend, seinen Rausch ausschlief. Der Mörder steckt geschwind sein blutiges Messer dem schlafenden Kameraden in den Gürtel und eilt davon. Indessen entsteht in der Stadt ein großer Lärm wegen der begangenen Mordthat. Des Ermordeten Körper wird vor Gericht gebracht und untersucht. Es werden Soldaten ausgeschickt, den Mörder zu suchen. Diese finden vor dem Thore den Schlafenden, der in seinem Gürtel ein blutiges Messer hat. Man hält ihn für den Mörder und führt ihn ins Gefängniß. Am folgenden Tage, nachdem die Trunkenheit vorüber war, erfuhr er erst, warum er gefangen sei. Er weiß von keinem Morde, aber das Messer zeugt wider ihn. Man bringt ihn endlich auf die Folter, um aus ihm ein Geständniß zu bringen. Er ist sich zwar bewußt, daß er unschuldig ist; weil er aber die Marter nicht aushalten kann, so gesteht er endlich, er habe die Mordthat begangen. Er wird also zum Tode verurtheilt. Als er zum Gerichtsplatze geführt wurde, folgte eine große Menge Menschen nach, um seine Hinrichtung mit anzusehen. Unter denselben befand sich auch derjenige, welcher die Mordthat begangen hatte. Sein Verbrechen war ganz unbekannt. Kein Mensch dachte daran, daß er der Mörder wäre.— Aber sein böses Gewissen hatte ihn doch immer beunruhigt und geängstigt; es hatte ihm immer vorgehalten, daß an ihm ein doppelter Mörder werden würde, weil der unschuldige Kamerad auch durch ihn sterben müßte. Diese Gedanken hatten ihm nirgends Ruhe gelassen. Als er aber seinen unschuldigen Kameraden jetzt hinausführen sah, gerieth er in eine solche Gewissensangst, daß er freiwillig hinzulief, und sich als Mörder angab. Er mußte nun den verdienten Lohn leiden, und der Unschuldige ward freigelassen.

Die romantischste Eisenbahn-Linie
in der Welt.

Die Denver & Rio Grande Eisenbahn

hat alle Hindernisse siegreich überwunden und den Bau ihrer Standard-Gauge Eisenbahn über die

Felsengebirge

beendigt. Die Bahn ist nun dem Verkehr übergeben und alle ihre Züge sind versehen mit

Pullman-Speisewagen,
Pullman-Touristenwagen,
Pullman-Schlafwagen,
Pullman-Salonwagen und
Offenen-Observationswagen.

Die neue Standard-Gauge Bahn trennt sich von der alten Bahn bei Salida, führt durch

Leadville und Glenwood Springs,

und vereinigt sich bei Grand Junction via

Marshall Pass und Black Canon

wieder mit der alten Bahn. Letztere wird wie früher betrieben werden und überall Anschluß haben. Alle Billete sind für beide Bahnen verwendbar.

Der Bau der neuen Bahn hebt keineswegs unsere Ansprüche auf, daß in Bezug auf Scenerie unsere Bahn die

Romantischste in der Welt

ist. Denn auch die neue Linie führt durch Gegenden, die an erhabener Scenerie nirgends auf diesem Continent übertroffen wird.

Eine großartige Sommerreise ist unter dem Namen „Um den Kreis" arrangirt worden. Dieselbe geht von Denver, Colorado Springs, Manitou oder Pueblo aus, erstreckt sich „in einem großen Kreise" durch die Felsengebirge und umfaßt mehr herrliche, erhabene und romantische Scenerie, als eine Reise durch irgend einen anderen Theil der bekannten Welt.

Um volle Auskunft und wegen unserer elegant illustrirten Bücher „Manitou," „Lieder über die Felsengebirge," „Touristen-Taschenbuch" und „Um ben Kreis" wende man sich an:

The "Royal Gorge."

    S. K. HOOPER, Gen'l Passenger and Ticket Agent, Cheeseman Block, Denver, Col.
    F. A. WADLEIGH, Ass't Gen'l Passenger and Ticket Agent, Denver, Col.
    W. B. COBB, Gen'l Eastern Passenger Agent, 379 Broadway, New York.
    J. W. SLOSSON, Acting Gen'l Agent, 236 Clark Street, Chicago, Ill.
    L. B. EVELAND, Traveling Passenger Agent, Kansas City, Mo.

S. T. SMITH, General Manager,   **A. S. HUGHES,** Traffic Manager,
DENVER, Col.   DENVER, Col.

Der achte Monat August 1892.

Wochen-Tage.	M. T.	Feste und Namenstage.	Kalender für Berlin, Ontario. Sonnen Auf-	und Untergang	Mond A. u. U.	Mondes-Viertel, Aspekten der Planeten, rc.	Kalender für Winnipeg, Man. Sonnen Auf-	und Untergang	Mond A. u. U.	S. U.	Monds Zeichen
Mont	1	**Pet. Kettenf.**	4 48	7 12	11 40	☿ in Aphel. ☽ in ☋ ⌒	4 35	7 25	11 44	8	♏ 6
Dienst	2	Gustav	4 50	7 10	Morg	♃ g. a. 10 19 Abends.	4 37	7 23	Morg	8	♏ 19
Mittw	3	Augusstus	4 51	7 9	12 10	Wega süd 9 39 Abends.	4 39	7 21	12 3	8	♐ 3
Donn	4	Dominicus	4 52	7 8	12 40	☍ ♂ ☉ ♄ g. u. 9 8 Abs.	4 41	7 19	12 33	8	♐ 17
Freit	5	Oswald	4 53	7 7	1 28	Formal 1 56 Morg. ⌣	4 42	7 18	1 20	8	♑ 1
Samst	6	**Christi Verkl**	4 54	7 6	2 18	♂ süd 12 0 Morgens.	4 43	7 17	2 19	8	♑ 17
32) 8. Sonntag nach Trinitatis. Matth. 7, 15-23. Röm. 8, 12-17.						Von den falschen Propheten.	Tagesl.	Berlin, 14 S. 10 M.	Winnipeg, 14 S. 30 M.		
Sonn	7	Donatus	4 55	7 5	3 14	☌ ♂ ☽ Alg. süd 3 4 M.	4 45	7 15	3 4	5	♒ 2
Mont	8	Emilius	4 57	7 3	☽ g. a.	○ 8. Rig. g. a. 1 26 M.	4 46	7 14	☽ g. a.	5	♒ 17
Dienst	9	Ericus	4 58	7 2	8 20	Orion g. a. 1 58 Morg.	4 48	7 12	8 28	5	♓ 2
Mittw	10	Laurentius	4 59	7 1	8 44	♄ g. u. 8 47 Abends.	4 50	7 10	8 52	5	♓ 17
Donn	11	Titus	5 0	7 0	9 14	☿ Stillst. ♀ g. a. 2 24 M.	4 51	7 9	9 22	5	♈ 1
Freit	12	Clara	5 2	6 58	9 32	☽ in Per. ♂ s. 11 30 Ab.	4 53	7 7	9 42	5	♈ 15
Samst	13	Hildebertus	5 3	6 57	9 59	☌ ♃ ☽ ♃ g. a. 9 37	4 55	7 5	10 8	5	♈ 29
33) 9. Sonntag nach Trinitatis. Luk. 16, 1-9. 1. Cor. 10, 6-13.						Vom ungerechten Haushalter.	Tagesl.	Berlin, 13 S. 52 M.	Winnipeg 14 S. 6 M.		
Sonn	14	Eusebius	5 4	6 56	10 34	♂ gr. Hel. Lat. S. ♃ St.	4 57	7 3	10 44	4	♉ 12
Mont	15	**Maria Heim.**	5 6	6 54	11 18	☾ 15. ♀ gr. Hel. Lat. S.	4 59	7 1	11 28	4	♉ 24
Dienst	16	Rochus	5 7	6 53	11 58	☌ ♆ ☽ Spi. g. u. 8 59 A	5 1	6 59	11 59	4	♊ 6
Mittw	17	Bertram	5 8	6 52	Morg	♄ g. u. 8 22 Abends.	5 3	6 57	Morg	4	♊ 18
Donn	18	Agapetus	5 10	6 50	12 24	☌ ♀ ☽ ♀ g. a. 2 10 M.	5 5	6 55	12 18	4	♋ 0
Freit	19	Sebaldus	5 11	6 49	1 18	♃ g. a. 9 13 Abends. ⌒	5 8	6 52	1 12	3	♋ 12
Samst	20	Bernhardt	5 12	6 48	2 18	♂ süd. 10 51 Abends.	5 9	6 51	2 12	3	♋ 24
34) 10. Sonntag nach Trinitatis. Luk. 10, 41-48. 1. Cor. 12, 1-11.						Jesus weint über Jerusalem.	Tagesl.	Berlin, 13 S. 32 M.	Winnipeg, 13 S. 40 M.		
Sonn	21	Rebecca	5 14	6 46	3 18	☿ gr. Hel. Lat. S.	5 10	6 50	3 12	3	♌ 6
Mont	22	Philibert	5 15	6 45	☽ g. u.	● 22. ☌ ☿ ☽	5 11	6 49	☽ g. u.	3	♌ 18
Dienst	23	Zachäus	5 16	6 44	7 36	☉ tritt in ♍	5 12	6 48	7 46	3	♍ 0
Mittw	24	**Bartholomä.**	5 18	6 42	8 2	☌ ♄ ☽ ♄ g. u. 7 58 Ab.	5 13	6 47	8 6	2	♍ 12
Donn	25	Ludwig	5 19	6 41	8 24	☌ ☿ ☉ Inferior.	5 14	6 46	8 30	2	♍ 24
Freit	26	Samuel	5 20	6 40	8 50	♀ g. a. 2 3 M. [Hundst.	5 15	6 45	8 56	2	♎ 7
Samst	27	Gerhardus	5 22	6 38	9 9	☽ in Apo. ☌ ♅ ☽ [Ende	5 16	6 44	9 15	1	♎ 20
35) 11. Sonntag nach Trinitatis. Luk. 18, 9-14. 1. Cor. 5, 1-10.						Vom Pharisäer und Zöllner.	Tagesl.	Berlin, 13 S. 14 M.	Winnipeg, 13 S. 26 M.		
Sonn	28	Augustinus	5 23	6 37	9 36	♂ süd 10 15 Ab. ☽ in ☋	5 17	6 43	9 39	1	♏ 3
Mont	29	Joh. Enth.	5 25	6 35	10 4	♃ g. a. 8 32 Abends.	5 18	6 42	10 8	1	♏ 16
Dienst	30	Benjamin	5 26	6 34	10 38	☽ 30. ♄ g. u. 7 36 Ab.	5 19	6 41	10 42	[illegible]	♐ 0
Mittw	31	Paulinus	5 28	6 32	11 26	♀ g. a. 2 3 Morgens.	5 20	6 40	11 29	[illegible]	♐ 14

Mondwechsel.

	BERLIN U. M.	WINNIPEG U. M.
Vollmond	8, 6 41 Morg.	8, 5 25 Morg.
Letztes Viertel	15, 1 21 Morg.	15, 12 05 Morg.
Neumond	22, 5 42 Morg.	22, 4 26 Morg.
Erstes Viertel	30, 8 12 Vorm.	30, 6 56 Morg.

Muthmaßliche Witterung.

Den 1 2 trüb, 3 4 schön, 5 6 Wechsel, 7 8 windig und Regen, 9 10 11 schön, 12 13 trüb, 14 Regen, 15 16 17 schön, 18 wolkig, 19 Wechsel, 20 21 22 Regen, 23 24 schön und warm, 25 26 trüb, 27 28 warm, 29 30 31 Wechsel.

hat 31 Tage.

Notiz-Calender.

1
2
3
4
5
6
7
8
9
10
11
12
13
14
15
16
17
18
19
20
21
22
23
24
25
26
27
28
29
30
31

Der stille Kompagnon.

Erzählung nach alten Akten.

Von Valentin Fern.

I.

Im Jahre 1685 war die alte Tempelstraße eine der Hauptgeschäftstraßen von Paris, wenn auch nicht von so reichen Kaufleuten bewohnt, wie die Straße St. Denis, so doch ebenso lebhaft und geräuschvoll. Laden reihte sich an Laden, Werkstatt an Werkstatt, und in den hohen düsteren Giebelhäusern waren viele eiserne Stangen angebracht, die über die halbe Straße hinausreichten und woran phantastische Firmenschilder von Blech oder Holz hingen, die im Winde knarrten.

Diese Straße entlang schritt an einem heiteren Maimorgen des genannten Jahres eine auffallende Persönlichkeit, welche die Aufmerksamkeit aller Vorübergehenden erregte. Es war ein kleiner, untersetzt und stämmig gebauter Mann von reiferem Alter, dessen breites, rothes Gesicht sehr entstellt wurde durch einen schwarzen Lappen über dem linken Auge. Mühsam, auf einen dicken Rohrstock gelehnt, hinkte er vorwärts, und wenn man genau zusah, so entdeckte man, daß ihm drei Finger an der rechten Hand fehlten. Seine Kleidung war seemännisch: weite Pluderhosen, lose Jacke, durch eine Schärpe zusammengehalten, und auf dem Kopfe ein alter Schifferhut.

Unbekümmert um die neugierigen Blicke der Leute, musterte sein scharfblickendes rechtes Auge auf beiden Seiten die Häuser und Läden. Er schien ein bestimmtes Geschäft zu suchen und entdeckte auch endlich, was er suchte. Es war ein sehr bescheidener Goldschmiedsladen in einem schmalen, unansehnlichen Hause, der seine Aufmerksamkeit auf sich zog. Im kleinen Schaufenster lagen einige goldene und silberne Schmucksachen, anscheinend ohne erheblichen Werth. Daneben war ein Schild, nicht so groß und prahlerisch wie viele andere, mit der Inschrift: „Etienne Crozet, Goldschmied und Juwelier. Alle Reparaturen werden gut und billig besorgt."

Der Fremde trat in das Haus und dann in den Laden, der zugleich Wohnstube war. Der gesammte geringe Waarenvorrath schien im Schaufenster zu liegen. Im Hintergrunde war eine Thüre halb geöffnet, und man vernahm von daher hellklingendes Hämmern.

PAUL PEQUEGNAT

Uhrenmacher, Juwelier, u. s. w.,

wird Euch überzeugen, daß er mit seiner Auswahl von

Taschen-, Stand- und Wanduhren,

Schmucksachen, Silberwaaren und Brillen,

keinem anderen Geschäfte nachsteht.

Da er stets für Baargeld und im Großen einkauft, so ist er im Stande, jedem Kunden hohen Werth für sein Geld zu geben.

Man beehre uns gefälligst mit einem Besuche.

PAUL PEQUEGNAT,
King Straße, - - Berlin, Ontario.

Eine junge, hübsche Frau, mit Näharbeit beschäftigt, erhob sich beim Eintritt des Hinkenden, und fragte höflich nach seinem Begehr.

„Ich möchte Herrn Crozet selbst sprechen," sagte er. „Ich komme aus Westindien her, um einen Gruß an ihn zu bestellen. Und vielleicht könnten wir auch einige kleine Geschäfte mit einander machen."

„Bitte, Herr, nehmet Platz!" Sie schob ihm einen Stuhl hin und rief dann: „Etienne!"

Das Hämmern hörte auf und gleich nachher erschien der Goldschmied im Arbeitsanzug. Es war ein intelligent aussehender junger Mann.

„Ich stehe zu Diensten Herr! Habt Ihr eine Arbeit für mich?"

„Arbeit—ja, vielleicht, und wohl noch etwas Besseres, wenn wir nämlich einig werden können. Doch zuvor möchte ich erfahren, ob Ihr der Neffe eines gewissen Jean Crozet seid, der in Westindien mein bester Freund war."

„Jean Crozet?" murmelte der Goldschmied nachdenklich. „Ja, ich glaube, es war ein Taugenichts des Namens in unserer Familie. Ich selbst habe ihn nie gesehen, aber meine Mutter hat mir bei Lebzeiten Manches von ihm erzählt. Er machte böse Streiche, wurde fortgejagt, ging zur See und verscholl."

„Das sieht dem guten Jean alles recht ähnlich. Nun er wurde bei Maracaibo schwer verwundet, und sagte mir kurz vor seinem Tode: Pierre, mein treuer Kamerad, wenn Du einmal gesund nach Paris zurückkommst, so grüße meine Verwandtschaft, wenn Du sie auffinden kannst, und benachrichtige sie von meinem Tode."

„Und sonst hat er nichts gesagt? Ueber seine Hinterlassenschaft verfügt?"

„Haha! Der arme Jean hatte nichts zu hinterlassen, als Schulden; er war ein Spieler, den das Unglück stets verfolgte."

„Nun, Herr—"

„Pierre Richon ist mein Name. Ich war bis vor Kurzem Steuermann eines Flibustierschiffes."

„Und mein Onkel war wohl auch Flibustier?" (Die Flibustiere waren nur die zweite Hälfte des 17. Jahrhunderts kühne Seeräuber, in den westindischen Gewässern.)

„Einer der tapfersten, Herr."

„Nun, ich danke Euch für die Nachricht. Aber Ihr deutetet vorhin auch an, daß Ihr Geschäfte mit mir zu machen wünscht. Wie ist das gemeint?"

Der Fremde griff mit der linken Hand in eine Innentasche seiner langen rothen Weste und zog daraus eine kleine Schachtel hervor, welche er öffnete. Da funkelten Edelsteine, schimmerten Perlen, alle nur klein, aber schöne Exemplare.

Mit forschendem Blick sah der Goldschmied den Besucher an, als ob er sich nicht zu fragen getraue: wo sind diese schönen Juwelen gestohlen?

„Nun, was sagt Ihr dazu?" rief der alte Flibustier. „Ich habe noch mehr davon! Auch größere und schönere! Alles mitgebracht aus dem spanischen Amerika, Herr! Erobert bei der Plünderung der Städte Veracruz, Maracaibo, Merida, Campeche, und Carthagena! Und einen hohen Preis habe ich dafür bezahlt: mein linkes Auge, drei Finger meiner rechten Hand und die Hälfte von meinem rechten Fuß!"

Crozet betrachtete mit Kennermiene die Juwelen und bemerkte: „Diese Rubinen, Smaragde und Perlen sind einst gefaßt gewesen. Warum habt Ihr sie aus der Fassung gebrochen?"

„Sapristi, das ist doch einfach! Um sie leichter fortschaffen zu können! Die Goldfassung habe ich in Westindien nach dem Gewicht verkauft. Die Edelsteine und Perlen bewahrte ich sorgfältig als einen Schatz, den ich bequemer immer bei mir tragen konnte, als einen Sack voll Gold."

„Das ist richtig. Aber zu welchem Zweck zeigt Ihr mir diese Kleinode?"

„Nun, weil Ihr der Neffe meines Freundes seid, wünsche ich mit Euch in Geschäftsverbindung zu treten."

„Ich bin nur ein kleiner Meister, ein junger Anfänger, habe kein Kapital, arbeite viel für reiche Kollegen, die meine Geschicklichkeit werthschätzen, und bin meistens mit Reparaturen beschäftigt. Leider habe ich nicht die Mittel, um Euch diese Juwelen abzukaufen."

„Wohl denn, so will ich Euer Kompagnon werden. Ich übergebe Euch diese Edelsteine und Perlen zum Verkauf. Ihr bringt sie zu besten Preisen an den Mann und erhaltet den fünften Theil vom Gewinn. Seid Ihr damit zufrieden?"

„Ich kann mir nichts Besseres wünschen, als solche vortheilhafte Vereinbarung. Sollen wir etwas Schriftliches darüber aufsetzen?"

„Unnöthig! Einem alten Flibustier genügt ein Handschlag. Hier sind meine zwei Finger!"

Er reichte seine verkrüppelte Hand hin, welche Crozet ergriff und dankbar drückte.

Frau Crozet holte auf Geheiß ihres Mannes eine Flasche Wein, und während Pierre Richon davon einige Gläser trank, prüfte und wog der

Der neunte Monat September 1892.

Wochen Tage.	M. T.	Feste und Namenstage.	Kalender für Berlin, Ontario. Sonnen Auf- und Untergang		Mond A. u. U.	Mondes-Viertel, Aspekten der Planeten, 2c.	Kalender für Winnipeg, Man. Sonnen Auf- und Untergang		Mond A. u. U.	M. T.	Monds Zeichen
Donn	1	Egidius	5 29	6 31	Morg	♂ s. 9 58 Abends. ◡	5 22	6 38	Morg	0	♐ 28
Freit	2	Elisa	5 30	6 30	12 30	♃ g. a. 8 17 Abends.	5 23	6 37	12 26	1	♑ 14
Samst	3	Mansuetus	5 31	6 29	1 27	□ ♆ ☉ ☿ Stillstand.	5 24	6 36	1 24	1	♑ 27
36) 12. Sonntag nach Trinitatis. Matth. 7, 31–37. 2. Cor. 3, 4–11.						Vom Taubstummen.	Tagesl.	Berlin, 12 S. 56 M. Winnipeg, 13 S. 8 M.			
Sonn	4	Moses	5 32	6 28	2 26	☌ ♂ ☽ ♂ Stillstand.	5 26	6 34	2 20	1	♒ 12
Mont	5	Nathaniel	5 33	6 27	3 21	♄ g. u. 7 15 Abends.	5 27	6 33	3 18	2	♒ 27
Dienst	6	Magnus	5 35	6 25	☽ g. a.	◯ 6. ♀ g. a. 1 58 M.	5 29	6 31	☽ g. a.	2	♓ 11
Mittw	7	Regina	5 37	6 23	7 15	♂ in Perihelion.	5 31	6 29	7 20	2	♓ 26
Donn	8	**Maria Geb.**	5 39	6 21	7 36	☽ in Per. ♂ s. 9 31 Ab.	5 33	6 27	7 41	3	♈ 10
Freit	9	Bruno	5 41	6 19	8 3	☌ ♃ ☽ ☿ in ☊	5 35	6 25	8 10	3	♈ 24
Samst	10	Pulcheria	5 43	6 17	8 33	♃ g. a. 7 44 A. ☽ in ☊	5 37	6 23	8 40	3	♉ 7
37) 13. Sonntag nach Trinitatis. Luk. 10, 23–27. Gal. 3, 15–22.						Vom barmherzigen Samariter.	Tagesl.	Berlin, 12 S. 30 M. Winnipeg 12 S. 42 M.			
Sonn	11	Protus	5 45	6 15	9 8	☿ W. West. ☿ g.a. 4 12 M	5 39	6 21	9 15	4	♉ 20
Mont	12	Gottlieb	5 46	6 14	9 52	☌ ♆ ☽ Arc. g. u. 10 0	5 42	6 18	9 59	4	♊ 2
Dienst	13	Amantus	5 48	6 12	10 48	☾ 13. ♆ Stillstand.	5 44	6 16	10 54	4	♊ 14
Mittw	14	†**Erhöhung**	5 49	6 11	11 48	☿ in Perihelion.	5 46	6 14	11 54	5	♊ 26
Donn	15	Nicetas	5 51	6 9	Morg	♄ g. u. 6 41 Abends. ◠	5 47	6 13	Morg	5	♋ 8
Freit	16	Euphemia	5 53	6 7	12 57	☌ ♀ ☽ ♀ g. a. 2 0 Mor	5 49	6 11	12 52	5	♋ 20
Samst	17	Lambertus	5 54	6 6	2 10	Orion g. a. 11 44 Abs.	5 52	6 8	2 5	6	♌ 2
38) 14. Sonntag nach Trinitatis. Luk. 17, 11–19. Gal. 5, 16–24.						Von den zehn Aussätzigen.	Tagesl.	Berlin, 12 S. 10 M. Winnipeg, 12 S. 14 M.			
Sonn	18	Siegfried	5 55	6 5	3 20	♃ g. a. 7 11 Abends.	5 53	6 7	3 15	6	♌ 14
Mont	19	Mieleta	5 57	6 3	4 30	♀ gr. W. West. ☌ ☿ ☽	5 55	6 5	4 25	6	♌ 26
Dienst	20	Jonas	5 58	6 2	☽ g. u.	● 20. ♂ g. u. 1 34 M.	5 57	6 3	☽ g. u.	7	♍ 8
Mittw	21	**Quatember**	5 59	6 1	6 20	☌ ♄ ☽ ♄ g. u. 6 19 A.	5 59	6 1	6 10	7	♍ 21
Donn	22	Mauritus	6 0	6 0	6 43	☉ tr. in ♎ Herbst Anf. ☋	6 0	6 0	8 42	7	♎ 4
Freit	23	Hoseas	6 1	5 59	7 3	☌ ♅ ☽ Tag u. Nacht gl.	6 1	5 58	7 0	8	♎ 17
Samst	24	Joh. Emp.	6 2	5 58	0 25	☽ in Apo. ☿ Hel. Lat. N.	6 2	5 59	7 21	8	♏ 0
39) 15. Sonntag nach Trinitatis. Matth. 6, 24–34. Gal. 5, 26–10.						Vom Mammonsdienst.	Tagesl.	Berlin, 11 S. 54 M. Winnipeg, 11 S. 54 M.			
Sonn	25	Cleophas	6 3	5 57	7 57	☌ ♄ ☉ Alg. s. 2 45 M.	6 3	5 57	7 54	8	♏ 13
Mont	26	Justina	6 5	5 55	8 36	♀ g. a. 2 3 Morgens.	6 5	5 55	8 34	9	♏ 27
Dienst	27	Cosmus	6 6	5 54	9 11	♂ g. u. 1 16 Morgens.	6 7	5 53	9 9	9	♐ 10
Mittw	28	Wenceslaus	6 8	5 52	10 5	Arctur g. u. 8 58 Abds.	6 9	5 52	10 1	9	♐ 24
Donn	29	Michaelis	6 9	5 51	10 57	☽ 29. Ald. g. a. 9 8 A. ◡	6 11	5 49	10 50	10	♑ 8
Freit	30	Hieronymus	6 10	5 50	11 56	Antares g. u. 8 17 Abs.	6 14	5 46	11 51	10	♑ 21

Mondwechsel.

	BERLIN		WINNIPEG	
		U. M.		U. M.
Vollmond	6,	3 51 Abends	6,	2 35 Nachm.
Letztes Viertel	13,	7 33 Morg.	13,	6 17 Morg.
Neumond	20,	8 00 Abends	20,	6 44 Abends
Erstes Viertel	29,	1 03 Morg.	28,	11 47 Abends

Muthmaßliche Witterung.

Den 1 2 3 Regen, 4 trüb, 5 6 7 schön, 8 9 10 Wechsel, 11 12 schön, 13 14 veränderlich, 15 16 Regen, 17 18 hell, 19 20 Regen, 21 22 23 24 25 hell und kühl, 26 27 trüb, 28 29 veränderlich und kalt, 30 Regen.

hat 30 Tage.

Notiz-Calender.

1
2
3
4
5
6
7
8
9
10
11
12
13
14
15
16
17
18
19 ..
20
21
22
23
24
25
26
27
28
29
30

Goldschmied die Juwelen und stellte deren Gesammtwerth auf viertausend zweihundert Livres fest, mit welcher Schätzung der Flibustier sich höchst zufrieden erklärte. Er sagte, man habe ihm auf Curaçao nicht halb so viel geboten.

Darnach entfernte er sich, nachdem er noch seine Wohnung angegeben, mit dem Versprechen, bald wieder zu kommen.

„Der alte Bursche gefällt mir nicht," sagte Frau Crozet zu ihrem Manne. „Er hat nur ein Auge, aber sein Blick ist falsch. Wenn er sprach und Dich dabei lauernd und beobachtend anschaute, mußte ich unwillführlich denken, der Mann lügt!"

„Aber, Nanon!" rief der Goldschmied, „das sind thörichte Gedanken! Bedenke, ein solcher alter invalider Flibustier aus Westindien kann doch unmöglich so sanftmüthig aussehen, wie ein Professor der Sorbonne!"

Schon nach wenigen Tagen hatte Crozet recht vortheilhaft die ihm anvertrauten Juwelen verkauft. Pierre Richon erschien wieder bei ihm, erhielt seinen Antheil und brachte andere Edelsteine und Perlen mit, diesmal werthvollere. Crozet faßte einige davon schön und kunstvoll in Goldschmuck, und erzielte dafür noch bessere Preise.

Im Laufe eines Vierteljahres machte er drei Mal mit dem alten Seemann solche Geschäfte. Jedesmal, wenn derselbe bei ihm eintrat, begrüßte er ihn freudig—war der stille Kompagnon doch die Ursache, daß er jetzt so viel Geld verdiente. Anders Frau Nanon! Diese erschrack stets beim Anblick des Flibustiers; eine unerklärliche Angst ergriff sie, wenn er seine Kleinodien auskramte. Eine innere Stimme flüsterte ihr zu, daß bei diesen sonderbaren Juwelengeschäften irgend etwas nicht recht geheuer sei.

II.

Als der Minister Mazarin in Frankreich der mächtigste Mann war, ließ er aus seiner Heimath, Italien, eine ganze Schaar seiner Verwandten nach Paris kommen, um deren Glück zu machen. Sein Neffe, Philipp Mancini, wurde Herzog von Neveres. Dann waren da nicht weniger als sieben Nichten, lauter hübsche, junge Mädchen, zwei Martinozzi und fünf Mancini. Anna Maria Martinozzi wurde Prinzessin von Conti; Laura Martinozzi, regierende Herzogin von Modena; Laura Mancini, Herzogin von Mercoeur; Olympia Mancini,

Herzogin von Soissons (sie war die Mutter des berühmten Feldherrn Prinz Eugen von Savoyen); Marie Mancini, die Frau des Connetable Colonna; Hortensia Mancini, Herzogin von Mazarin, (ihr Gemahl, ein Sohn des Marschalls de la Meilerape, mußte nach dem Willen des Ministers, der seinen Namen nicht aussterben lassen wollte, diesen Herzogstitel annehmen), und endlich Marianne Mancini, Herzogin von Bouillon. Man sieht, daß Mazarin, der, wie die Schmähschriften jener Zeit behaupteten, der Sohn eines bankerotten Hutmachers war, seine sämmtlichen lieben Nichten sehr gut unter die Haube zu bringen verstand.

Marianne, die jüngste, war zuletzt verheirathet worden, nämlich im Jahre 1662, als sie kaum fünfzehn Lenze zählte. Kurze Zeit zuvor war ihr großmüthiger Onkel gestorben, nachdem er so viele Jahre lang Frankreich regiert, und sich dabei die Taschen gehörig gefüllt hatte, wie das damals so Ministerbrauch war. Als die ungeheure Erbschaft nach den Testamentsbestimmungen vertheilt wurde, erhielt auch Marianne einige Millionen an Geld und außerdem viele kostbaren Kunstsachen und Juwelen zu denjenigen, die sie schon hatte, denn Mazarin war ein eifriger Sammler und Liebhaber solcher Kleinodien gewesen. Achtzehn seiner größten Diamanten vermachte er bekanntlich dem französischen Kronschatz unter der Bedingung, daß man sie zum ewigen Andenken „die Mazarins" nennen sollte.

Einen Theil des geerbten Geldes verwandte Marianne dazu, um einen am Quai Malaquais belegenen prachtvollen Palast zu kaufen, dieser Palast wurde fortan „Hotel Bouillon" genannt, und war der stete Schauplatz der glänzendsten und heitersten Feste. Die lebenslustige und gastfreie Herzogin förderte die Dichter und Künstler; Moliere, Lafontaine, Chaulieu, Lesage und viele andere Schöngeister nahmen an ihren Gesellschaften Theil. Dann hatte sie auch eine Vorliebe für vierbeinige Künstler; sie belustigte sich mit kleinen, abgerichteten Hunden, die niedliche Kunststücke machen konnten; ferner war ihr Palast bevölkert von Affen, Papageien, Kaninchen und Meerkatzen.

Was ihren Gemahl, den Herzog Moritz, anbelangt, so sah man ihn nur selten in Paris. Zuweilen war er jahrelang aus Frankreich abwesend, um unter den Fahnen des Kaisers an den Türkenkriegen theilzunehmen. Kam er dann einmal, mit Siegeslorbeeren bedeckt, wieder zu seiner lustigen Herzogin, dann hatte er doch nicht lange Ruhe. Wenn er sich nicht mit den Türken herumschlagen konnte, so beschäftigte er sich mit den Freuden der Jagd in seinen großen Wäldern.

Zur Zeit unserer Erzählung, im Jahre 1635, war Marianne achtunddreißig Jahre alt und noch sehr schön, wenn man den überschwänglichen Lobpreisungen der Dichter aus dieser Zeit trauen darf, denn sie war eine der vielbesungensten Frauen. Lafontaine hat sie in den anmuthigsten Versen hoch gefeiert.

Eines Nachts, nach einem großen Feste, hatte sich die Herzogin ermüdet in ihre Privatgemächer zurückgezogen und legte eben ihren Brillantschmuck ab. Die seidenen Fenstervorhänge hingen tief vor den Nischen herab. Auf einem Ebenholztischchen stand ein silberner Armleuchter mit drei brennenden Wachskerzen.

„Mabelou," sagte die Herzogin zu ihrer Kammerfrau, „ich glaube, ich habe im Musiksaal mein Riechfläschchen vergessen. Gehe, suche darnach!"

Dem Befehle gehorsam, verließ die Kammerfrau das Gemach.

Die Herzogin löste aus ihren kastanienbraunen Locken ein kostbares Diadem, das mit Edelsteinen und Perlen reich besetzt war, und legte dasselbe in ein Schmuckkästchen, in welchem schon ein Perlenhalsband und andere Juwelen ihren Platz gefunden hatten.

Plötzlich hörte sie hinter sich leise Schritte über den Teppich huschen. Sie meinte zuerst, es wäre eine ihrer Bojen, und kümmerte sich gleichgültig um. Aber da sah sie zu ihrem Erstaunen einen schwarz gekleideten Kavalier mit blassem Gesicht, schwarzem Bart und ebensolcher Perrücke, der sie mit blitzenden Augen anschaute.

„Unverschämter!" rief die Herzogin unerschrocken. „Wer seid Ihr? Wie wagt Ihr es, hier einzudringen?"

Der Fremde machte eine beschwichtigende Bewegung. „Ruhig, Herzogin! Keinen Lärm, kein Geschrei, wenn ich bitten darf! Es könnte Euch übel bekommen!"

„Wer seid Ihr? Was wollt Ihr?"

„Ich bin kein verliebter Narr, schöne Herzogin, wie Ihr vielleicht annehmt, sondern nur ein leidenschaftlicher Liebhaber und Sammler von Edelsteinen. Ich bitte um die Gnade, Eure Kleinodien bewundern zu dürfen."

„Um eine solche Bitte vorzubringen, habt Ihr die Zeit sehr schlecht gewählt, mein Herr!"

„Um Euch nicht länger zu belästigen, holde Dame, will ich das Kästchen lieber gleich mit mir nehmen."

„Ihr seid also ein Dieb?"

„Ja, Herzogin. Ich stehle aber nur Juwelen und baares Geld, keine Herzen."

„Ah, Elender!"

„Nur keine Entrüstung, schöne Frau. Euer seliger Onkel verstand bei seinen Lebzeiten das Stehlen und Rauben auch sehr gut."

„Macht, daß Ihr fortkommt! Auf der Stelle! Oder ich rufe meine Bedienten—"

„Kein Geschrei, werthe Dame, oder ich würde mich zu meinem größten Bedauern gezwungen sehen, andere Suiten aufzuziehen. Seid also ganz stille, bis ich aus dem Zimmer bin. Ich spaße nicht, das könnt Ihr mir glauben!"

Bei diesen Worten zog er einen blanken Dolch aus dem Wamms, der unheimlich im Lichte der Kerzen funkelte, ergriff kaltblütig das Kästchen mit den Juwelen und schritt rückwärts einer Seitenthüre zu. Im nächsten Augenblick war er schon hinter der Portiere verschwunden.

Jetzt stieß die Herzogin ein gewaltiges Geschrei aus. Zwanzig Diener, Zofen und Pagen liefen herbei. Man eilte in's Nebenzimmer und stellte Untersuchungen an.

Ein Fenster war geöffnet, und dadurch der Räuber entflohen. Das Zimmer lag im Hochparterre, nach dem Quai hinaus. Man lief hinaus und forschte links und rechts und überall. Keine Spur von dem frechen Dieb. Vielleicht hatte er ein Boot bestiegen, war den Fluß hinabgerudert und hinter der Tuilerienbrücke verschwunden, wie man damals gewöhnlich den Pont Royal zu nennen pflegte.

Der Polizeilieutenant—damals der Titel des höchsten Polizeibeamten in Paris—wurde von dem Juwelenraub in Kenntniß gesetzt, und er ließ es nicht an energischen Nachforschungen fehlen—aber völlig vergebens.

III.

Ueber den Juwelendiebstahl — ausgeführt mit solcher originellen Frechheit und Verwegenheit wurde in Paris viel gesprochen, und man machte sich auf Kosten der Beraubten darüber lustig in Prosa und Versen in der leichtfertigen Art der damaligen Zeit.

Zu dem Goldschmied Etienne Crozet in der Tempelstraße war auch die Kunde gedrungen, und da er gerade von seinem stillen Kompagnon einige sehr schöne Edelsteine und bewunderungswürdige Perlen von hohem Werthe erhalten hatte, so gerieth er auf den Gedanken, dieselben in einen prächtigen Schmuck zu fassen und diesen dann der Herzogin von Bouillon zum Kaufe anzubieten. Er verfertigte also mit vieler Kunst und Sorgfalt ein Diadem zum Preise von 36,000 Livres, und fragte nach Vollendung desselben schriftlich bei der Herzogin an, ob er ihr seine Aufwartung machen und den Schmuck zur Ansicht vorlegen dürfe.

Darauf empfing er eine gnädige Antwort und die Mittheilung, daß die vornehme Dame ihn am folgenden Tage zu einer bestimmten Stunde zu empfangen wünsche.

Gekleidet in seinen besten Rock machte er sich auf den Weg nach dem Hôtel Bouillon. Es schien ihm, als ob die Dame bei seinem Anblick stutzig würde und ihn mit auffallender Aufmerksamkeit von oben bis unten musterte.

Er legte ihr den Schmuck vor, indem er zugleich den Preis nannte. Sie betrachtete den schönen funkelnden Schmuck und zwar ganz besonders eine die Mitte desselben zierende große Perle von eigenthümlicher Form, deren milchweißer Schmelz an einer Stelle eine etwas dunklere herzförmige Schattirung zeigte.

Darnach sah sie wieder mit durchbohrendem Blick den jungen Juwelier an und fragte in anscheinend gleichgiltigem Tone: „Wie alt seid Ihr, Meister Crozet?"

„Ich bin vierundzwanzig Jahre alt," antwortete er, staunend über die sonderbare Frage.

„Das ist merkwürdig!" murmelte sie. „Ich hätte ihn doch für älter gehalten."

„Möchten Euer Gnaden mir huldvollst erklären—"

„Wartet!"

Sie klingelte heftig. Eine Zofe erschien.

„Mein Haushofmeister und die zwei Lakaien im Vorzimmer sollen hereinkommen!"

Nach einer Minute erschienen die drei Männer. Die Herzogin deutete auf den Goldschmied und rief: „Man gebe wohl Acht auf diesen Menschen und lasse ihn nicht fort! Er ist der Juwelenräuber! Ich erkenne ihn wieder; nur hatte er damals durch einen schwarzen langen Bart und eine große Perrücke sich entstellt, so daß er älter aussah. Und auch diese große, in ihrer Art einzige Perle in dem Diadem, welches er mir zum Kaufe anbietet, erkenne ich als mein Eigenthum. Welche Frechheit von diesem Menschen—fast noch größer als in jener Nacht! Man schicke auch sogleich nach dem Herrn Polizeilieutenant!"

Sprachlos vor Staunen und Entsetzen hatte Etienne Crozet diese Rede der Herzogin angehört. Endlich gewann er seine Fassung wieder und stotterte aufgeregt hervor, daß die Herzogin sich irre, die Perle sei ihr nicht gestohlen, dieselbe

Der zehnte Monat October 1892.

Wochen Tage.		Feste und Namenstage.	Kalender für Berlin, Ontario. Sonnen Auf-	und Untergang	Monds A. u. U.	Mondes-Viertel, Aspekten der Planeten, 2c.	Kalender für Winnipeg, Man. Sonnen Auf-	und Untergang	Monds A. u. U.		Monds Zeichen
Samst	1	Remigius	6 12	5 48	Morg	☌ ☿ ♄ ☌ ♂ ☽ ☋	6 16	5 44	Morg	10	♒ 7
40) 17. Sonntag nach Trinitatis. Luk. 14, 1-11. Eph. 4, 1-6.						Vom Wassersüchtigen.	Tagesl.	Berlin, 11 S. 34 M. Winnipeg, 11 S. 24 M.			
Sonn	2	Columbus	6 13	5 47	12 59	♀ g. a. 2 12 Morgens.	6 18	5 42	12 59	11	♒ 22
Mont	3	Jairus	6 14	5 46	2 16	♃ süd 12 27 Morgens.	6 19	5 41	2 18	11	♓ 6
Dienst	4	Franziskus	6 16	5 44	3 38	♂ g. u. 1 2 Morgens.	6 20	5 40	3 41	11	♓ 20
Mittw	5	Placidus	6 18	5 42	4 58	7* g. a. 7 25 Abends.	6 21	5 39	5 5	12	♈ 4
Donn	6	Fides	6 19	5 41	☽ g. a.	🌕 6. ☽ in Per. ☌ ♃ ☽	6 22	5 38	☽ g. a.	12	♈ 18
Freit	7	Amalia	6 21	5 39	6 28	☌ ☿ ☉ Superior ☽ in ☊	6 23	5 37	6 24	12	♉ 2
Samst	8	Pelagius	6 22	5 38	6 58	Orion g. a. 10 9 Abends.	6 24	5 36	6 54	12	♉ 14
41) 18. Sonntag nach Trinitatis. Matth. 22, 34-46. Cor. 1, 4-8.						Vom größten Gebot.	Tagesl.	Berlin, 11 S. 12 M. Winnipeg, 11 S. 10 M.			
Sonn	9	Dionisius	6 24	5 36	7 35	☌ ♆ ☽ ♀ g. a. 2 27 M.	6 25	5 35	7 30	13	♉ 28
Mont	10	Gereon	6 25	5 35	8 33	♀ in ☊ Sir. g. a. 12 34 M.	6 26	5 34	8 27	13	♊ 10
Dienst	11	Burkhard	6 27	5 33	9 30	♃ süd 11 43 Abends.	6 27	5 33	9 26	13	♊ 22
Mittw	12	Veritas	6 28	5 32	10 29	🌗 12. ☍ ♃ ☉	6 28	5 32	10 25	13	♋ 4
Donn	13	Coloman	6 30	5 30	11 29	♂ g. u. 12 48 Morg. ☊	6 29	5 31	11 25	14	♋ 16
Freit	14	Fortuna	6 31	5 29	Morg	Aldebaran g. a. 8 21 Ab.	6 30	5 30	Morg	14	♋ 28
Samst	15	Hedwig	6 32	5 28	12 54	Antares g. u. 7 21 Abs.	6 31	5 29	12 59	14	♌ 10
42) 19. Sonntag nach Trinitatis. Matth. 9, 1-8. Eph. 4, 22-28.						Vom Gichtbrüchigen.	Tagesl.	Berlin, 10 S. 52 M. Winnipeg, 10 S. 56 M.			
Sonn	16	**Gallus**	6 34	5 26	2 14	☌ ♀ ☽ ♀ g. a. 2 36 M.	6 32	5 28	2 20	14	♌ 22
Mont	17	Florentia	6 35	5 25	3 17	Wega g. u. 1 36 Morg.	6 33	5 27	3 23	15	♍ 4
Dienst	18	**Luk. Evang.**	6 37	5 23	4 19	☿ in ☋ ☌ ♄ ☽	6 34	5 26	4 25	15	♍ 16
Mittw	19	Patolomäus	6 38	5 22	5 23	♃ süd 11 16 Abends.	6 35	5 25	5 29	15	♍ 29
Donn	20	Felicianus	6 40	5 20	☽ g. u.	🌑 20. ☌ ☿ ♅	6 36	5 24	☽ g. u.	15	♎ 12
Freit	21	Ursula	6 41	5 19	5 36	☽ in Apo. ☌ ♅ ☍ ☽ in ☋	6 37	5 23	5 30	15	♎ 25
Samst	22	Cordula	6 43	5 17	6 10	♂ g. u. 12 32 Morgens	6 38	5 22	6 5	15	♏ 9
43) 20. Sonntag nach Trinitatis. Matth. 22, 1-14. Eph. 5, 15-21.						Vom hochzeitlichen Kleide.	Tagesl.	Berlin, 10 S. 32 M. Winnipeg, 10 S. 42 M.			
Sonn	23	Severinus	6 44	5 16	6 44	♀ g. a. 2 48 Morgens.	6 39	5 21	6 40	16	♏ 23
Mont	24	Salome	6 45	5 15	7 13	Regulus g. a. 1 28 M.	6 40	5 20	7 6	16	♐ 7
Dienst	25	Crispinus	6 47	5 13	7 57	☌ ♂ ☌ Capricorni.	6 41	5 19	7 50	16	♐ 21
Mittw	26	Amandus	6 48	5 12	8 38	♃ süd 10 45 Abends.	6 42	5 18	8 31	16	♑ 6
Donn	27	Sabina	6 50	5 10	9 40	Rigel g. a. 8 29 Abs. ☋	6 43	5 17	9 32	16	♑ 20
Freit	28	**Simon Judä**	6 51	5 9	10 39	🌓 28. ☿ in Aphelion	6 44	5 16	10 31	16	♒ 4
Samst	29	Engelhard	6 52	5 8	11 36	☌ ♅ ☉ Alt. g. u. 11 58 A	6 45	5 15	11 29	16	♒ 18
44) 21. Sonntag nach Trinitatis. Joh. 4, 47-54. Eph. 3, 10-17.						Von des König's Sohn.	Tagesl.	Berlin, 10 St. 12 M. Winnipeg 10 St. 28 M.			
Sonn	30	Serapion	6 54	5 6	Morg	☌ ♂ ☽ ♀ g. a. 3 8 M.	6 46	5 14	Morg	16	♓ 2
Mont	31	**Refor.-Fest**	6 55	5 5	1 10	♂ g. u. 12 22 Morgens	6 47	5 13	1 16	16	♓ 16

Mondwechsel.

	BERLIN. U. M.	WINNIPEG. U. M.
Vollmond . .	6, 12 55 Morg.	5, 11 39 Abends
Letztes Viertel	12, 4 21 Abends	12, 3 05 Abends
Neumond	20, 1 08 Nachm.	20, 11 52 Vorm.
Erstes Viertel,	28, 4 10 Nachm.	28, 2 54 Nachm.

Muthmaßliche Witterung.

Den 1 2 trüb mit Regen, 3 4 kühl, 5 6 7 schön, 8 9 Wechsel, 10 11 12 schön, 13 14 15 kalt, 16 17 veränderlich, 18 19 20 Regen, 21 22 23 hell, 24 25 Wechsel, 26 27 28 schön 29 30 31 Regen.

hat 31 Tage.

Notiz-Calender.

1
2
3
4
5
6
7
8
9
10
11
12
13
14
15
16
17
18
19
20
21
22
23
24
25
26
27
28
29
30
31

stamme aus dem spanischen Amerika, und er habe sie von einem ehemaligen Flibustier erhalten.

Aber die Herzogin maß ihn nur mit einem Blick der Verachtung und verließ das Zimmer, während der arme Crozet unter Bewachung des Haushofmeisters und der Diener zurückblieb.

Nach einer Weile kam der Polizeilieutenant mit einigen Beamten an. Er hörte die bestimmte Aussage der Herzogin und verfügte daraufhin die sofortige Verhaftung des jungen Goldschmieds, ohne auf dessen Unschuldsbetheuerungen zu achten.

Etienne Crozet wurde in's Untersuchungsgefängniß gebracht und von einem Kriminalrichter verhört. Als er über den angeblichen Flibustier, der ihm die Edelsteine und Perlen geliefert, genau Auskunft gegeben, schickte der Polizeilieutenant nach dessen Wohnung zwei Polizisten und ließ ihn ebenfalls verhaften.

Eine Haussuchung bei dem ehemaligen Flibustier ergab, daß er in seiner bescheidenen Miethswohnung nichts weiter zu eigen besaß, als eine grüne Seemannskiste mit einigen Kleidungsstücken, zwei rostige Pistolen, einen alten Entersäbel, einen langen Dolch, einen ausgestopften Affen und eine Karte von Mittelamerika und Westindien, auf welcher mit rothen Kreuzchen die Ortschaften an den Küsten und auf den Inseln bezeichnet waren, wo Gefechte, Ueberrumpelungen und Plünderungen stattgefunden hatten, an welchen der Besitzer der Karte theilgenommen. Dies Inventar sah also recht flibustiermäßig aus und ließ wohl seinen Zweifel darüber, daß der Besitzer wirklich ein solcher Freibeuter gewesen sei.

Auch in der Wohnung und der Werkstatt Crozet's wurden polizeiliche Nachforschungen angestellt zu Frau Nanon's höchstem Entsetzen, die außer sich war vor Verzweiflung, als sie die Verhaftung ihres Mannes erfuhr. Man belegte einstweilen die Juwelen und Goldsachen, welche man dort fand, und das Geschäftsbuch mit Beschlag.

Pierre Nichon bestätigte im Verhör durchaus die Angaben des Goldschmieds. Er habe in der That diesem seine Kriegsbeute an Juwelen aus dem spanischen Amerika zur Verwerthung anvertraut. Und die große Perle von besonderer Form habe er bei der Plünderung von Maracaibo erbeutet, bei welcher Gelegenheit er schwer verwundet worden sei.

Der Polizeilieutenant und der Untersuchungsrichter konnten nichts anderes aus ihm herausbringen. Sagte er die Wahrheit, so war Etienne Crozet unschuldig.

40 **Canadischer Familien-Calender.**

Der Untersuchungsrichter meinte: „Es ist doch immerhin nicht unmöglich, daß es zwei ganz gleiche Perlen von solcher besonderen Art geben kann. Es gibt Zwillingskinder, die sich so ähnlich sehen, wie ein Ei dem anderen—so mag es auch wohl zwei eigenthümlich gestaltete Perlen geben, die nicht von einander zu unterscheiden sind. Möglich also, daß die Frau Herzogin von Bouillon sich irrt, und daß die Perle im Diadem des Goldschmieds nicht ihr Eigenthum ist."

Dagegen wandte der Polizeilieutenant ein: „Die Frau Herzogin hat nicht nur ihre Perle wieder erkannt, sondern in dem Goldschmied Crozet auch den frechen Dieb, der durch eine noch größere Frechheit seinen früheren Streich zu übertrumpfen suchte. Nur hat sie in der Nacht ihn für älter gehalten. Aber derselbe war verkleidet und trug einen falschen Bart und eine entstellende Perrücke. Ich bin beinahe überzeugt, daß die Herzogin Recht hat. Die beiden Gefangenen sind geriebene Gauner, stecken unter einer Decke und haben ihre Aussagen recht schlau übereinstimmend und glaubhaft eingerichtet. Crozet ist der Dieb und der ehemalige Flibustier sein Genosse, der ihn bei der Flucht aus dem Palaste am Quai Malaquais wahrscheinlich geholfen hat mit einem Boote, denn dazu war dieser ehemalige Korsar wohl zu gebrauchen."

Da in der Sache noch Manches unklar war, so blieben Crozet und Richon einstweilen in Untersuchungshaft, freilich mit der ziemlich sicheren Aussicht, daß eine Verurtheilung zu den Galeeren ihr Loos sein würde.

IV.

Der Tag neigte sich zum Abend, und Dämmerung breitete sich allmählig aus in der Tempelstraße.

In ihrem Wohnzimmer saß Frau Manon mit rothgeweinten Augen, versunken in Gram und Schmerz. Sie mußte es, ihr Mann war unschuldig. Aber würden die Richter ihn dafür halten? Das war sehr zweifelhaft. Hätte Etienne sich doch niemals mit dem Flibustier eingelassen. O, sie hatte es ja immer empfunden, daß in dem Wesen des „stillen Kompagnons" etwas Verdächtiges sei.

Da wurde leise die Stubenthüre geöffnet und ein Mann trat ein, der, wie sie mit Staunen bemerkte, ihrem Etienne ziemlich ähnlich sah, der Gestalt, der Gesichtsbildung, der Haltung und dem Gange nach. Doch mochte er wohl doppelt so alt sein und unterschied sich von dem jugendlichen Goldschmied hauptsächlich durch einen großen schwarzen Bart und eine mächtige Perrücke. Seine Kleidung war kavaliermäßig, an seiner Seite klirrte ein Degen.

„Seid Ihr die Frau des Goldschmieds Crozet?" fragte er, sich vorsichtig umschauend, um sich zu überzeugen, daß keine dritte Person zugegen sei.

„Ja, mein Herr!" antwortete sie.

„Euer Mann ist in Untersuchungshaft wegen einer gewissen Juwelengeschichte, welche ziemlich viel Lärm macht in Paris."

„Jawohl—aber er ist unschuldig! Bei Gott im Himmel, er hat das Verbrechen nicht verübt!"

„Ich zweifle nicht an seiner Unschuld, liebe Frau Crozet. Es ist eine ganz erstaunliche Dummheit, Euren harmlosen Mann als den Dieb zu halten. Die Herzogin von Bouillon ist eine Närrin, und der Herr Polizeilieutenant ein Einfaltspinsel!"

Er sagte dies in leichtfertigem, spottendem Tone, und fuhr dann fort: „Ein alter Seemann Namens Pierre Richon, ist auch in diese Sache verwickelt. Ich war in seiner Wohnung und hörte von den Hausleuten, daß die Polizei ihn verhaftet hat."

„Dieser Mensch ist an allem Schuld. Ich habe meinen Mann vor ihm gewarnt, leider vergeblich."

„Hat die Polizei auch hier Haussuchung gehalten?"

„Jawohl! Ihr fragt mich so aus—wer seid Ihr denn?"

„Ich bin ein guter Freund von Pierre Richon und möchte wissen, ob die Polizei hier noch Juwelen gefunden und beschlagnahmt hat."

„Ja, einige."

„Sonst könnt Ihr mir nichts weiter mittheilen, Frau Crozet?"

„Nein.—Aber Ihr, Herr, wenn Ihr vielleicht etwas Genaueres über diese schlimme Angelegenheit wißt und guten Rath zu ertheilen vermöchtet—"

„Hm—das muß ich überlegen! Es sind da Schwierigkeiten. Die Mauern des kleinen Chateletgefängnisses sind furchtbar dick. Man kann sie nur mittelst Sprengpulver zerstören."

Er versank eine Minute lang in Nachdenken. Unterdessen dachte Frau Manon: „Dieser Mensch hat offenbar mit dem Juwelenraub etwas zu schaffen gehabt! Vielleicht ist er selbst der verwegene Dieb! Könnte ich ihn doch festhalten und der Justiz überliefern! Aber ich arme schwache Frau kann ihn ja nicht überwältigen!"

Er würde mich tödten. Ja, wenn mir eine List einfiele!"

Dann sprach sie laut: „Mein Herr, Ihr werdet mir gewiß einige Aufklärung über den alten Flibustier, der ja, wie Ihr sagtet, Euer guter Freund ist, geben können."

„Ein andermal, meine gute Frau Crozet," versetzte er ausweichend, indem er sich zum Fortgehen anschickte.

Plötzlich wurden draußen auf dem Flur schwere Tritte vernehmlich.

Er blieb stehen und flüsterte: „Wer kommt da?"

Nanon gerieth auf einen vortrefflichen Einfall.

„Ich glaube, es ist die Polizei, die wieder Nachfrage halten will," sagte sie leise und mit erheuchelter Furcht.

„Zum Teufel!" brummte der Fremde unruhig.

„Wollt Ihr nicht gern mit der Polizei zusammentreffen, dann geht schnell hier herein und durch die Hinterthür hinaus auf den Hof."

Sie zeigte auf die Thür im Hintergrunde des Zimmers, die zur Werkstatt führte.

Der Fremde schlüpfte sofort in den dunklen Raum. Rasch schloß Nanon hinter ihm die dicke Eichenholzthür, drehte den Schlüssel um und schob auch noch einen Riegel vor.

Nun hatte sie den verdächtigen Menschen gefangen. Ihre List war geglückt. In der Werkstätte befand sich keine zweite Thür und das einzige Fenster war vergittert mit Eisenstangen, die ihr Mann vorsichtshalber hatte anbringen lassen, weil ja zuweilen kostbare Gold- und Silbersachen ihm zur Reparatur anvertraut wurden.

Sie lief auf den Hausflur und rief den Hauswirth herbei. Es war der Mann mit dem schweren Tritte, der eben die Treppe hinaufsteigen wollte.

Er hatte die beste Meinung von seinem Miethmanne, dem Goldschmied Crozet, und zweifelte nicht an dessen Unschuld. Als er von Frau Nanon den Sachverhalt erfuhr, rief er sogleich Leute zusammen, welche das Gitterfenster bewachen sollten, und schickte einen Boten nach der nächsten Polizeiwache.

Nach zehn Minuten erschien ein Polizeiwachtmeister mit vier Häschern.

Unterdessen war der Eingeschlossene über die Gefahr seiner Lage ins Klare gekommen, nachdem er im Dunkeln eine Hinterthür gesucht und keine gefunden hatte. Er strengte alle seine Kräfte an, um sich zu befreien. Man hörte, wie er sich vergeblich bemühte, die Thür zur Laden und Wohnstube aufzubrechen.

Rasch verständigte Frau Crozet die Polizei über den Sachverhalt.

„Das scheint ein gefährlicher Bursche zu sein," sagte der Wachtmeister zu seinen Leuten. „Haltet Eure Pistolen in Bereitschaft. Nun schließt die Thüre auf, Meister Gisquet!"

Der Hauseigenthümer schob den Riegel zurück und schloß die Thür auf.

Dieselbe wurde aufgestoßen und der Unbekannte erschien mit dem blanken Degen in der einen und einer Pistole in der andern Hand.

„Im Namen des Königs nehme ich Euch in Haft!" rief der Wachtmeister. „Ergebt Euch, oder Ihr seid des Todes!"

Der Fremde sah fünf Pistolenmündungen auf sich gerichtet. „Wessen beschuldigt man mich?" fragte er finster.

„Des Juwelenraubes bei der Herzogin von Bouillon."

Der Fremde schien einen Augenblick Lust zu haben, sich durchzuschlagen, im nächsten aber erkannte er, daß ein solcher Versuch hoffnungslos und sein sofortiges Verderben sein würde. Er reichte seinen Degen und die Pistole hin und sagte: „Ich ergebe mich!"

Darauf wurde er abgeführt.

Sogleich erhielten der Polizeilieutenant und der Untersuchungsrichter Kenntniß von dieser Verhaftung. Die Herzogin von Bouillon wurde aufgefordert, den Verhafteten in Augenschein zu nehmen, und derselbe ihr im Haupt-Polizeibureau vorgestellt.

Da sagte sie mit größter Bestimmtheit: „Dieser Mensch ist der Dieb! Jetzt erkenne ich ihn ganz genau! Die Aehnlichkeit Crozet's mit diesem Menschen hat mich getäuscht. Jetzt aber erkenne ich ihn ganz genau wieder. Gesteht, Elender, Ihr waret der Dieb!"

Der Gefangene verneigte sich und sprach: „Es ist sehr schmeichelhaft für mich, schöne Herzogin, daß Ihr mich in so gutem Andenken behalten habt!"

Nach diesem spöttischen Geständniß war also kein Zweifel mehr möglich.

Der Gefangene wurde nach seinem Namen gefragt und nannte sich zuerst Jean Brissot; aber bald wurde ermittelt, daß er Jean Crozet heiße. Wirklich war er jener Verschollene aus der Familie des Goldschmieds, den der alte Flibustier für todt ausgegeben hatte. Daher also die verhängnißvolle Aehnlichkeit.

Jean Crozet und Pierre Richon hatten sich viele Jahre lang als Flibustiere in Westindien aufgehalten; dann waren sie nach Frankreich

Der elfte Monat November 1892.

Wochen-Tage.	M. T.	Feste und Namenstage.	Kalender für Berlin, Ontario. Sonnen Auf-	und Untergang	Monds A. u. U.	Mondes-Viertel, Aspekten der Planeten, 2c.	Kalender für Winnipeg, Man. Sonnen Auf-	und Untergang	Monds A. u. U.	T. L.	Monds Zeichen
Dienst	1	**Aller Heil.**	6 57	5 3	2 33	Orion g. a. 8 54 Ab. ◡	6 48	5 12	2 46	16	♓ 29
Mittw	2	**Aller Seelen**	6 58	5 2	3 56	☌ ♃ ☽ ♃ s. 10 15 Ab.	6 51	5 9	4 3	16	♈ 13
Donn	3	Theophilus	6 59	5 1	5 24	Mark. s. 8 6 Ab. ☽ in ☊	6 53	5 7	5 29	16	♈ 27
Freit	4	Charlotta	7 1	4 59	☽ g.a.	○ 4. Sir.g.a. 10 58 A.	6 55	5 5	☽ g.a.	16	♉ 10
Samst	5	Malachius	7 2	4 58	5 13	♂ g. u. 12 20 Morgens.	6 56	5 4	5 6	16	♉ 23
45) 22. Sonntag nach Trinitatis. Matth. 18, 23–35. Phil. 1, 3–11.						Vom Schalksknecht.	Tagesl.	Berlin, 9 S. 54 M. Winnipeg, 10 S. 4 M.			
Sonn	6	Leonhard	7 3	4 57	6 13	☌ ♆ ☽ Altair g.u. 11 28	6 58	5 2	6 6	16	♊ 6
Mont	7	Engelbert	7 4	4 56	7 14	Formal süd 7 56 Abs.	6 59	5 1	7 7	16	♊ 18
Dienst	8	Cecilia	7 6	4 54	8 19	♀ g. a. 3 23 Morgens.	7 1	4 59	8 11	16	♋ 0
Mittw	9	Theodor	7 7	4 53	9 20	Aldebaran g.a. 6 36 A. ◠	7 3	4 57	9 13	16	♋ 12
Donn	10	**Martin Luth**	7 8	4 52	10 24	☌ ☽ ♄ Reg.g.a. 2 14 M.	7 4	4 56	10 16	16	♋ 24
Freit	11	Martin B.	7 9	4 51	11 31	☾ 11. ♃ süd 9 36 Abs.	7 6	4 54	11 22	16	♌ 6
Samst	12	Jonas	7 11	4 49	Morg	♂ geht unter 12 11.	7 8	4 52	Morg	16	♌ 18
46) 23. Sonntag nach Trinitatis. Matth. 22, 15–22. Phil. 3, 17–21.						Vom Zinsgroschen.	Tagesl.	Berlin, 9 S. 36 M. Winnipeg, 9 S. 42 M.			
Sonn	13	Weinbert	7 12	4 48	12 33	♀ in Per. Rig.g.a. 7 55 A.	7 9	4 51	12 41	15	♍ 0
Mont	14	Levinus	7 13	4 47	1 38	☌ ♄ ☽ And. s. 8 40 Abs.	7 11	4 49	1 47	15	♍ 12
Dienst	15	Leopold	7 15	4 45	2 41	☌ ♀ ☽ ♀ g.a. 3 30 M.	7 12	4 48	2 50	15	♍ 24
Mittw	16	Ottomar	7 16	4 44	3 51	Spica g. a. 4 26 Morg.	7 14	4 46	3 59	15	♎ 7
Donn	17	Alphäus	7 18	4 42	4 53	☿ gr. Hel. Lat. s. ☽ in ☋	7 15	4 45	4 58	15	♎ 20
Freit	18	Gelasius	7 19	4 41	6 4	☽ in Apo. ♂ g.u. 12 4 M.	7 17	4 43	6 11	15	♏ 3
Samst	19	Elisabeth	7 20	4 40	☽ g.u.	● 19. ♃ süd 9 2 Abs.	7 18	4 42	☽ g.u.	14	♏ 17
47) 24. Sonntag nach Trinitatis. Matth. 9, 18–26. Col. 1, 9–14.						Vom Jairi Töchterlein.	Tagesl.	Berlin, 9 S. 18 M. Winnipeg, 9 S. 20 M.			
Sonn	20	Amos	7 21	4 39	5 14	♄ g. a. 2 49 Morgens	7 20	4 40	5 7	14	♐ 1
Mont	21	Maria Opfer	7 22	4 38	5 52	☌ ☿ ☽ Cap. s. 1 8 M.	7 21	4 39	5 45	14	♐ 16
Dienst	22	Alphonsus	7 23	4 37	6 44	Altair g. u. 10 27 Ab. ◡	7 23	4 37	6 37	14	♑ 1
Mittw	23	Clemens	7 24	4 36	7 37	☿ gr.w.Ost. ☿ g.u. 5 51 A	7 24	4 36	7 30	13	♑ 16
Donn	24	Chrisogenes	7 25	4 35	8 28	♀ g. a. 3 49 Morgens	7 26	4 34	8 21	13	♒ 0
Freit	25	Catharina	7 26	4 34	9 36	Wega g. u. 11 12 Abds.	7 27	4 33	9 28	13	♒ 15
Samst	26	Conrad	7 26	4 34	10 44	♃ süd 8 33 Abends.	7 28	4 32	10 37	12	♓ 0
48) 1. Advents-Sonntag. Matth. 21, 1–9. Röm. 13, 11–14.						Christi Einzug in Jerusalem.	Tagesl.	Berlin, 9 S. 6 M. Winnipeg, 9 S. 2 M.			
Sonn	27	Josaphet	7 27	4 33	Morg	☽ 28. ♂ g. u. 11 55 Ab.	7 29	4 31	Morg	12	♓ 13
Mont	28	Güntherus	7 28	4 32	12 52	Castor süd 2 50 Morg.	7 30	4 30	12 59	12	♓ 26
Dienst	29	Saturnius	7 28	4 32	1 58	♄ g. a. 2 17 Morgens	7 31	4 29	2 8	11	♈ 10
Mittw	30	**Andreas**	7 29	4 31	3 9	☌ ♃ ☽ ♃ g.u. 2 34 M.	7 32	4 28	3 17	11	♈ 23

Mondwechsel.

	BERLIN.		WINNIPEG.	
		U. M.		U. M.
Vollmond . .	4,	10 33 Vorm.	4,	9 17 Vorm.
Letztes Viertel	11,	4 45 Morg.	11,	3 29 Morg.
Neumond	19,	8 02 Vorm.	19,	6 48 Morg.
Erstes Viertel,	27,	5 11 Morg.	27,	3 55 Morg.

Muthmaßliche Witterung.

1 2 schön, 3 Wechsel, 4 5 Schauer, 6 7 8 schön, 9 10 veränderlich, 11 12 Regen, 13 14 schön und kalt, 15 16 hell, 17 18 Wechsel, 19 20 stürmisch und Schnee, 21 22 kalt, 23 24 25 veränderlich, 26 27 Regen, 28 29 30 Nachsommer.

hat 31 Tage. 43

Notiz-Calender.

1
2
3
4
5
6
7
8
9
10
11
12
13
14
15
16
17
18
19
20
21
22
23
24
25
26
27
28
29
30
31

zurückgekehrt; bald war ihre mitgebrachte Beute verthan; dann hatte Jean Crozet, ein äußerst gewandter und sehr intelligenter Mensch, eine Reihe der kühnsten Einbrüche ausgeführt und es dabei besonders auf Gold und Juwelen abgesehen; um die letzteren gut verwerthen zu können, war er auf den Gedanken gerathen, durch Vermittlung seines Kameraden auf die geschilderte sinnreiche Weise seinen Neffen zum Verkäufer der gestohlenen Kleinodien zu machen.

Die Herzogin erhielt den größten Theil der ihr geraubten Juwelen wieder. Jean Crozet wurde zu den Galeeren verurtheilt; auf dem Transport nach Toulon wagte er einen Fluchtversuch und wurde von den Gendarmen niedergeschossen.

Pierre Richon, sein Genosse, wurde zu Kerkerstrafe verurtheilt und starb im Gefängniß.

Etienne Crozet's völlige Unschuld kam glänzend an den Tag, und er wurde sofort in Freiheit gesetzt.

Die Herzogin von Bouillon, um ihn für die ausgestandenen Leiden einigermaßen zu entschädigen, empfahl ihn fortan ihren Bekannten und verschaffte ihm einträgliche Arbeit und vornehme Kundschaft. So kam er denn allmählig empor und wurde ein sehr angesehener Juwelier. Mit einem „stillen Compagnon" aber hat er sich nie wieder eingelassen.

Ein Eisenkrämer in Irland, welcher auch Pulver und Schrot verkaufte, ward, als das neue Patentschrot zuerst bekannt wurde, gefragt, wodurch sich dasselbe vor dem gewöhnlichen auszeichne? „Ei," erwiderte der Eisenkrämer, „das Patentschrot schießt todter."

Ein Franzose wurde angeklagt, daß er fünf Weiber besäße. Der Richter fragte ihn, warum er denn so viele Weiber geheirathet habe? — Um endlich eine gute zu bekommen, gab er zur Antwort.

Der höfliche Soldat. — Ein junger Soldat, der noch nicht lange beim Militär stand, besuchte auf Urlaub seine Heimath. — Nun hatte er an seinen Feldwebel zu schreiben, und da er einen gewaltigen Respekt vor demselben hatte, richtete er seinen Brief höflich ein und fügte am Schluß noch treuherzig hinzu: „Entschuldigen Sie, Herr Feldwebel, daß ich wegen der großen Hitze, die wir heute haben, in Hembärmeln geschrieben habe."

Die Canadische Pacific Eisenbahn

Freie Farmen in Manitoba und den nordwestlichen Territorien stehen allen zur Verfügung.

Leset was die Ansiedler selbst über jene Gegend sagen.

Die Leute, die dort Ackerbau treiben, reden aus eigener Erfahrung.

Kein Land in der Welt bietet solche Mannigfaltigkeit in Ländereien, von denen sich Jeder aussuchen kann, was ihm zusagt.

Manitoba.

Zwar haben sich hier schon viele Ansiedler niedergelassen, doch giebt es noch immer viel gutes Land. In dieser Provinz liegt die große und schnell wachsende Stadt des Westens, Winnipeg, —jetzt noch ein Kind, das sich bald zu einem Riesen entwickeln wird, ferner

Brandon, der größte Weizenmarkt in der Dominion,

Portage la Prairie, und viele andere blühende Städte und Dörfer. Jede Station der großen Canadischen Pacific Bahn bildet einen Markt für die Erzeugnisse der Farm, und östliche Getreidekäufer durchreisen während der Jahreszeit das Land.

(Der Leser lasse sich von dem nächsten Agenten der Canadischen Pacific Bahn ein deutsches Pamphlet schicken, das die verschiedenen Lokalitäten dieser Provinz beschreibt.)

Assiniboia.

In dieser Provinz, die in Ost- und West-Assiniboia zerfällt, liegt

Regina, die Hauptstadt des Nordwest-Territoriums. Die Provinz umfaßt die fruchtbaren und schönen Ländereien um die Qu'Appelle Seen herum, sowie die reichen Distrikte der Waldgebirge, der Cypreßhügel und der ergiebigen Kohlenfelder des Souris. Zweiglinien der Canadischen Pacific Bahn durchlaufen das Land in verschiedenen Richtungen.

Der Saskatchewan.

Die hauptsächlichsten Städte dieses Distriktes sind Prinz Albert, am Nord-Saskatchewan, und Battleford, zwischen dem Nord- und Süd-Saskatchewan. Hier sind die herrlichsten Ländereien zu finden, die von diesen zwei Zweigen des großen Prairieflusses drainirt werden.

Man lese, was einige von den Ansiedlern jener Gegend sagen:

Der verstorbene Herr B. Fremont, der eine Reihe von Jahren im Battleflußthale wohnte und ein Sachverständiges Urtheil abgeben konnte, sprach einem Zeitungs-Correspondenten gegenüber folgende Ansicht aus:

„Ich habe den größten Theil der westlichen Staaten und der canadischen Territorien bereist, aber nirgends habe ich ein herrlicheres Land gefunden, als das Battlefluß Thal. Ich habe beide Ufer des Battleflusses, von seiner Mündung bis nach Edmonton und der Nothenhirsch Furth explorirt, eine Tour von 170 Meilen, und halte diese Gegend ausnahmslos für die schönste des Nordwestens, auf beiden Seiten der Grenze. Sie ist prächtig für alle Zweige des Ackerbaus geeignet, besitzt Wasser in Hülle und Fülle, Holz genug auf viele Jahre hinaus, und meilenweite natürliche Weide, auf der das Gras schulterhoch

Marschfertig um „die Runde" zu machen.

steht. Der Boden ist ein reicher, sandiger Lehm mit thonigem Unterboden. Die laufenden Ströme und Seen sind rein und klar, während ich nirgends Alkalibecken aufgefunden habe. Ich bin überzeugt, daß dieses Thal in der nahen Zukunft der Garten des Nordwestens werden wird."

Ueber die Saskatchewan Gegend sagt der „Saskatchewan Herald," der in Battleford erscheint:

„Es ist stets zugegeben worden, daß das Territorium, das durch die Bahn nach dem Saskatchewan der Einwanderung erschlossen wird, alles in allem für allgemeine Ackerbauzwecke das geeignetste von allen Landtheilen ist, durch welche die fertige oder projektirte Eisenbahn läuft. Einwanderer, die auf der neuen Bahn hier ankommen, werden das Land immer besser finden, je weiter sie nach Norden und Westen kommen, und immer neue Vortheile werden sich ihnen auf der Weiterreise bieten. Hunderte von Meilen weit breitet sich vor ihnen der berühmte fruchtbare Gürtel aus, der seiner Länge nach mit dem Saskatchewan endet, und eine Breite von über 100 Meilen besitzt. Die Fruchtbarkeit seines Bodens und der Reichthum seines Holzes, Wassers, Heues, sowie seiner Mineralien bestätigt, daß er die Lobeserhebungen wohl verdient, die ihm von den frühesten Explorern, wie von den letzten Landsuchern in gleichem Maße zu Theil geworden sind. Alle stimmen darin überein, daß es ein Land der herrlichsten Zukunft ist. Da Cyklone und Blizzards diese Gegend nie heimsuchen, kann das Vieh ohne Gefahr frei umherlaufen, und da der Sommer hier ebenso lang wie in Ontario ist, hat der Farmer hinreichend Zeit, vor Eintritt des Winters seine Arbeit zu beendigen. Das Frühjahr beginnt zu derselben Zeit wie in Ontario, und da wir hier frei sind von feuchtem, schmutzigen Herbstwetter, kann der Farmer seine Arbeit bis später im Jahre fortsetzen, als in anderen Gegenden."

☞ Die oben erwähnte Eisenbahn ist jetzt in vollem Betrieb.

In einem Artikel an solche, die mit den Eigenschaften der Saskatchewan Ländereien nicht bekannt sind, sagt der „Regina Leader":

„Die Ansicht scheint zu herrschen, daß Ansiedler, die sich im Saskatchewan Distrikt niederlassen wollen, genöthigt sind, ihr Vieh mitzunehmen, was natürlich mit großen Kosten und großer Mühe verknüpft ist. Diese Ansicht ist jedoch irrig. Schon seit 15 Jahren wird um Battleford herum Hornvieh gezüchtet, und kann von

Der zwölfte Monat Dezember 1892.

Wochen Tage.	M. T.	Feste und Namenstage.	Kalender für Berlin, Ontario. Sonnen Auf-	und Untergang	Mond A. u. U.	Mondes-Viertel, Aspekten der Planeten, ꝛc.	Kalender für Winnipeg, Man. Sonnen Auf-	und Untergang	Mond A. u. U.	U. Z.	Monds Zeichen
Donn	1	Longinus	7 30	4 30	4 48	☍ ♆ ☉ Alg. s. 7 24 A ☊	7 34	4 26	4 59	11	♉ 6
Freit	2	Candidus	7 30	4 30	6 3	☽ in Per. ☿ Stillstand.	7 36	4 24	6 12	10	♉ 19
Samst	3	Franz Xaver	7 31	4 29	☽ g. a.	🌕 3. ♂ g. u. 11 47 Abs.	7 38	4 22	☽ g. a.	10	♊ 1
49) 2. Advents Sonntag. Luk. 21, 25–36. Röm. 15, 4–13.						Von den Zeichen am Himmel. Tagesl.	Berlin, 8 S. 56 M. Winnipeg, 8 S. 40 M.				
Sonn	4	Barbara	7 32	4 28	5 7	☌ ♀ ♅ ♀ gr. Hel. Lat. S.	7 40	4 20	5 0	9	♊ 14
Mont	5	Abigail	7 32	4 28	6 8	♀ g. a. 4 11 Morgens	7 41	4 19	6 0	9	♊ 28
Dienst	6	Nikolaus	7 33	4 27	7 12	☿ in ☊ Or. g. a. 6 29 A. ⌒	7 42	3 18	7 2	9	♋ 8
Mittw	7	Agathon	7 33	4 27	8 16	♃ g. u. 2 6 Morgens	7 43	4 17	8 4	8	♋ 20
Donn	8	**Maria Empf.**	7 34	4 26	9 24	♄ g. a. 1 44 Morgens	7 44	4 16	9 16	8	♌ 2
Freit	9	Joachim	7 34	4 26	10 32	□ ♂ ☉ Sir. g. u. 8 34 A.	7 46	4 14	10 26	7	♌ 14
Samst	10	Judith	7 35	4 25	11 43	🌗 10. ♃ Stillstand.	7 48	4 12	11 36	7	♌ 26
50) 3. Advents Sonntag. Matth. 4, 2–10. 1. Cor. 4, 1–15.						Von Johannes im Gefängniß. Tagesl.	Berlin, 8 S. 50 M. Winnipeg 8 S. 22 M.				
Sonn	11	Barsabas	7 35	4 25	Morg	☿ in Per. ☌ ☿ ☉ Inf.	7 49	4 11	Morg	8	♍ 8
Mont	12	Otilla	7 36	4 24	12 58	☌ ♄ ☽ Form. g. u. 9 39 A	7 50	4 10	12 59	6	♍ 20
Dienst	13	Lucca	7 36	4 24	1 49	♂ g. u. 11 42 Abends	7 51	4 9	1 54	5	♎ 2
Mittw	14	Nikasius	7 37	4 23	2 43	♄ g. a. 1 22 Morgens.	7 52	4 8	2 54	5	♎ 14
Donn	15	Ignatius	7 37	4 23	3 42	☽ in Apo. ☌ ♅ ☽ ☽ in ☋	7 53	4 7	3 53	4	♎ 28
Freit	16	Ananias	7 37	4 23	4 38	☌ ♀ ☽ ♀ g. a. 4 36 M.	7 54	4 6	4 49	4	♏ 11
Samst	17	Lazarus	7 38	4 22	5 32	♃ g. u. 1 27	7 56	4 4	5 43	3	♏ 25
51) 4. Advents-Sonntag. Joh. 1. 19–28. Phil. 4, 4–7.						Vom Zeugniß Johannes. Tagesl.	Berlin, 8 S. 44 M. Winnipeg, 8 S. 6 M.				
Sonn	18	Arnold	7 38	4 22	6 28	☌ ☿ ☽ Hamel s. 8 11 A.	7 57	4 3	6 39	3	♐ 9
Mont	19	Abraham	7 38	4 22	☽ g. u.	🌑 19. Alg. süd 9 7 Ab.	7 58	4 2	☽ g. u.	2	♐ 24
Dienst	20	Ammon	7 38	4 22	5 40	♂ g. u. 11 35 Abds. ◡	7 59	4 1	5 30	2	♑ 9
Mittw	21	**Quatember**	7 39	4 21	6 24	☉ tr. in ♑ Winter Anf.	8 0	4 0	6 14	1	♑ 24
Donn	22	Beata	7 38	4 22	7 29	☿ Stillst. [Kürzester Tag	7 59	4 1	7 19	U.	♒ 9
Freit	23	Dagobert	7 38	4 22	8 33	♀ g. a. 4 52 Morgens.	7 59	4 1	8 24	Z.	♒ 24
Samst	24	Adam, Eva	7 38	4 22	9 42	♄ g. a. 12 46 Morgens.	7 58	4 2	9 33	0	♓ 9
52) Christ-Sonntag. Luk. 2, 23–40. Gal. 4, 1–7.						Von der Geburt Jesu Christi. Tagesl.	Berlin, 8 S. 44 M. Winnipeg, 8 S. 4 M.				
Sonn	25	**Christag**	7 38	4 22	10 50	Regulus g. a. 9 11 Ab.	7 58	4 2	10 41	0	♓ 23
Mont	26	**Stephanus**	7 37	4 23	Morg	🌓 26. ♂ g. u. 11 25 A.	7 58	4 2	Morg	1	♈ 7
Dienst	27	**Joh. Evang.**	7 37	4 23	12 32	☌ ♃ ☽ ♃ g. u. 12 50 M.	7 58	4 2	12 42	2	♈ 20
Mittw	28	Unsch. Kind	7 37	4 23	1 39	Wega g. u. 8 46 A. ☽ in ☊	7 57	4 3	1 49	2	♉ 3
Donn	29	Noah	7 37	4 23	2 47	♄ g. a. 12 24 Morgens	7 56	4 4	2 57	2	♉ 16
Freit	30	David	7 36	4 24	3 49	♀ g. a. 5 8 Morgens	7 56	4 4	3 58	3	♉ 29
Samst	31	Sylvester	7 36	4 24	4 52	☽ in Per. ☌ ♆ ☽ 7* 9 0 A	7 56	4 4	5 0	3	♊ 11

Mondwechsel.

	BERLIN		WINNIPEG
	U. M.		U. M.
Vollmond . . 3,	9 01 Vorm.	3,	7 45 Morg.
Letztes Viertel 10,	9 13 Vorm.	10,	7 57 Morg.
Neumond . . 19,	2 56 Morg.	19,	1 40 Morg.
Erstes Viertel 26,	4 06 Nachm.	26,	2 50 Nachm.

Muthmaßliche Witterung.

Den 1 2 trüb, 3 4 5 Schnee, 6 7 hell, 8 9 kalt, 10 11 Regen, 12 13 14 15 hell und kalt, 16 17 Wechsel, 18 19 20 stürmisch, mit Schnee, 21 22 23 hell, 24 25 26 27 schön und kalt, 28 29 veränderlich, 30 31 schön und warm.

hat 31 Tage.

Notiz-Calender.

1
2
3
4
5
6
7
8
9
10
11
12
13
14
15
16
17
18
19
20
21
22
23
24
25
26
27
28
29
30
31

neuen Ansiedlern an Ort und Stelle zu mäßigen Preisen gekauft werden; ebenso Pferde für den Ackerbau und andere Zwecke; denn die größte Pferdezüchterei am Saskatchewan liegt kaum 25 Meilen von Battleford, wo eine ausgezeichnete, den Verhältnissen geeignete und dabei billige Sorte von Pferden gezüchtet wird. In Folge dessen ist es klar, daß Leute, die sich dort niederlassen, nicht mehr genöthigt sind, die Unannehmlichkeiten und Entbehrungen durchzumachen, mit denen die ersten Ansiedler zu kämpfen hatten.

Das Land ist wie ein großer Park, in dem Prairien und Waldungen mit einander wechseln, und überall finden sich Seen und laufende Ströme mit ausgezeichnetem Wasser. Die Stadt Battleford genießt den Ruhm, eine der schönstgelegenen Ortschaften zu sein, die irgendwo zu finden sind, und in der That ist ihre Lage an dem Zusammenfluß zweier reizender Ströme unvergleichlich. Die Stadt ist gut mit Kirchen und Schulen versehen. Eine vierspännige Post- und Passagierkutsche vermittelt zweimal in der Woche Anschluß mit der Eisenbahn in Saskatoon, was den Bedürfnissen hinlänglich entspricht, bis eine Eisenbahn gebaut wird, was jedenfalls sehr bald geschehen wird. Da Battleford das Centrum eines der fruchtbarsten und ergiebigsten Gegenden dieses Continentes ist, steht der Stadt jedenfalls eine glänzende Zukunft bevor." „Wenn Ihr Freunde habt," sagt Herr McFarlane zum Schluß, „die etwas vom Farmen verstehen, und Land aufzunehmen wünschen, wo die Natur die herrlichsten Vortheile bietet, so könnt Ihr ihnen keine größere Gunst erweisen, als wenn Ihr ihre Aufmerksamkeit auf die Ländereien des Battle Flusses lenkt."

☞ Die Eisenbahn läuft jetzt bereits bis nach Battleford.

Alberta.

Süd-Alberta ist das große und beste Ranchland in Canada und auf diesem Continente. Es erstreckt sich von Calgarry an der Canadischen Pacific Bahn südlich bis an die internationale Grenze und enthält viele tausend Acker Land, die ausgezeichnet für den Ackerbau geeignet sind.

Nord-Alberta, dessen Hauptortschaft das am Saskatchewan gelegene Edmonton ist, liegt da wie ein fruchtbarer Garten, der bis vor Kurzem nur mit Wagen über die Prairie oder mit Booten auf dem großen Fluß erreichbar war. Jetzt ist jedoch eine Eisenbahn von Calgarry nach Edmonton gebaut worden, so daß der Ansiedler leicht die schönen und ergiebigen Thäler des fruchtbaren Gürtels erreichen kann.

48 Canadischer Familien-Calender.

Ein Haferfeld nahe Edmonton im Nordwesten.

Um Fort Edmonton, einem Hudson Bay Posten, und um die dortige Missions-Station herum, ist eine kleine Stadt emporgeblüht, in der der Ansiedler alle seine Bedürfnisse erlangen kann und in der es weder an Schulen noch an Kirchen fehlt.

Karten und jede gewünschte Auskunft sind zu haben bei allen Agenten der Canadischen Pacific Bahn und bei

L. Hamilton,
Land-Commissionär, Winnipeg.

Dr. H. G. Lackner,
deutscher Arzt,

Gold- und Silber-Medaillist der Toronto Universität und Licentiat des Collegiums der Aerzte, Wundärzte und Geburtshelfer von Ontario.

Coroner für das County Waterloo.

Office und Wohnung: Ecke von Queen und Dukestraße, der St. Petri Kirche ge enüber, Berlin, Ontario.

CHAS. HARTTUNG,

Metzger

und Händler in allen Arten Fleisch, Würsten u. s. w.

Markthaus, Berlin, Ontario.

HENRY GILDNER'S
Metzger-Geschäft!

Westseite, Markthaus,
BERLIN, - Ontario.

Fleisch, Schinken, Wurst, Schmalz von prima Qualität stets zu haben.

Derselbe spricht dem Publikum seinen Dank für die ihm bisher zu Theil gewordene liberale Kundschaft aus und hofft, sich auch in Zukunft durch Anstellung von Arbeitern erster Klasse und sorgfältige Bedienung das Vertrauen seiner Kunden zu erhalten.

☞ Fleisch in allen Stadttheilen abgeliefert.

Canadischer Familien-Calender.

Für den Haushalt.

Eine aromatische Tasse Kaffee
ist ein vorzügliches Frühstück.

Dieß ist unzweifelhaft ein richtiger Grundsatz. Das kräftige, liebliche Aroma durchzieht das ganze Haus wie Weihrauch. Der Herr und die Herrin des Hauses athmen es begierig ein und schärfen damit ihren Appetit auf die Mahlzeit, während die Kinder kaum warten können, bis sie den leckeren Gehalt ihrer Tassen einschlürfen, und die Gäste des Hauses beeilen sich mit ihrer Toilette, um hinunterzukommen an den Frühstückstisch, wo der dampfende Kaffee ihrer wartet. Auf die ganze Familie übt das liebliche Aroma des Kaffees einen wohlthuenden Einfluß aus und so ist es in jedem Hause des ganzen Landes. Jedermann, Reich und Arm, wird durch den Genuß guten Kaffees glücklicher und gesunder. Hoch erhaben über allen anderen Getränken steht der Kaffee als Frühstücksgetränk da. Darum ist auch die unterzeichnete Firma mit Recht stolz darauf, daß sie die Familien dieses Landes mit **Kaffee von der besten Sorte** versieht.

Wir liefern den besten Kaffee, der auf der Erde wächst. Mit unserer Signatur und unserem Sigel bürgen wir dafür. Diese unsere Abzeichen aber behalten ihren Geschäftswerth für uns nur so lange als der damit versehene Kaffee wirklich gut und rein ist. Die Vortrefflichkeit unseres gestempelten

Java und Mocha Kaffees

bleibt unverändert immer dieselbe; jedes Packet enthält dieselbe ausgezeichnete Sorte. Darauf beruht der gute Ruf, dessen wir uns in der Geschäftswelt und bei unsern Kunden erfreuen. Wer unsern Kaffee kauft, weiß genau, was er kauft. Fordere in dem Kaufladen, wo du handelst, unsern Kaffee.

Um größeren Profit zu machen, sagt dir dein Kaufmann vielleicht, er habe einen anderen, aber ebenso guten und billigeren Kaffee. Glaube ihm nicht, denn unser Kaffee ist der beste, der auf der Erde wächst. Sage ihm, du verlangst

Chase & Sanborn's gestempelten Java und Mocha Kaffee

in einer zweipfündigen Blechbüchse. Paß auf, daß jede Büchse auch wirklich mit unserm Namen und Sigel gestempelt ist, dann bist du sicher, daß du auf deinem Tisch den besten Kaffee hast, den es giebt. Achtungsvoll,

Chase & Sanborn, Montreal.

N. B.—Es ist nicht zu vergessen, daß jede Blechbüchse unser Sigel tragen muß.

Unter dem Schatten der Felsengebirge.

Die sieben Kirchen in Asien.

Alterthümliche Wasserleitung, Ephesus.

Unter allen Stätten auf dem weiten Erdenrund giebt es nur wenige, die von innigerem Interesse sind, als jene sieben Städte in Kleinasien, in der türkischen Provinz Anatolien, in denen einst die Jünger des gekreuzigten Jesu von Nazareth sieben blühende Gemeinden gründeten, in denen später der Evangelist Johannes als Prediger des Evangeliums wirkte, und an die er vor seiner Verbannung auf der Insel Patmos aus das letzte der biblischen Bücher richtete, die Offenbarung St. Johannes.

Das obengenannte Patmos ist eine jener Inseln, die an der Südwestküste von Klein-Asien gelegen sind, und zusammen den Namen Sporaden tragen. In der Mitte der Insel liegt auf einer felsigen Anhöhe das Städtchen Patmo, und nicht weit von demselben befindet sich eine natürliche Grotte, in der der Apostel Johannes der Sage nach jene wunderbaren Visionen gehabt haben soll, die er später in der Offenbarung beschrieb. Es war etwa um's Jahr 95, als Johannes auf dieser öden Insel in Folge des tyrannischen Befehls des Römerkaisers Domitian als Verbannter leben mußte.

Wir wollen nun einen Blick auf die erwähnten sieben Städte werfen, und uns erzählen lassen, was sie einst waren, und was sie jetzt sind. Die erste derselben ist:

Ephesus.

Nicht weit von der Mündung des Flusses Kaystros, inmitten reizender Haine und Gärten und umgeben von bläulichen Bergen, lag das Ephesus des Alterthums, das an Reichthum und Pracht selbst Smyrna noch übertraf. Tausend Jahre vor Christi Geburt hatten die Jonier die Stadt gegründet; mit Riesenschnelle blühte dieselbe empor und bald ertönte durch ganz Asien der Ruf und Ruhm des jungen Ephesus mit seinen glänzenden Palästen, volkreichen Marktplätzen und strahlenden Tempeln, die in ganz Asien nicht ihres gleichen fanden. Dort stand eines der sieben Wunder der Welt, der herrliche Tempel der Ephesischen Artemis oder Diana. Ursprünglich von Chersiphron aus Knossos um's Jahr 650 vor Christo errichtet, ging der Tempel sieben Mal in Flammen auf und stieg dann Phönix gleich in vermehrter Pracht jedes Mal wieder aus der Asche empor; in ihm concentrirte sich der Stolz der Ephesischen Bevölkerung, bis der Römerkaiser Nero ihn plünderte, und die Gothen ihn schleiften.

Diese reiche und machtvolle aber lasterhafte Stadt besuchte Paulus auf seiner dritten Missionsreise, wohnte zwei Jahre daselbst und gründete eine christliche Gemeinde, (Apstgesch. 18, 19–21), die sich in Folge der Wunderthaten des Apostels schnell vergrößerte, und deren neue Mitglieder willig ihre Amuletten, Zauberbücher und Götzenbilder zum Beweise der Aufrichtigkeit ihres Glaubens in die Flammen schleuderten. Damit erwachte jedoch auch die Opposition der heidnischen Partei, deren Motto es war: „Groß ist die Diana der Epheser," und die eine großartige Demonstration gegen den Apostel in's Werk setzte.

Nachdem Paulus Ephesus wieder verlassen, und der Apostel Johannes eine Zeit lang dort gewirkt hatte, scheint in der Gemeinde das Feuer des heldenmüthigen Glaubens und der ersten Liebe erkaltet zu sein, so daß sich der ehrwürdige Apostel Johannes veranlaßt fühlte, folgende inhaltschwere Worte an den „Engel" oder Prediger der Gemeinde zu richten:

nen Leuchter wegstoßen von jener Stätte, wo Du nicht Buße thust." (Offenbarung 2, 2–5.)

Aber die Mahnung war vergeblich; der Leuchter wurde hinweggestoßen von jener Stätte, und dort, wo einst Ephesus stand, dem die Römer den stolzen Beinamen der „Metropole (Mutterstadt) von ganz Asien" gegeben hatten, steht jetzt das schmutzige Fischerdörfchen Aiasaluk; nur noch einige Ruinen sind geblieben von dem ein-

„Ich weiß Deine Werke und Deine Arbeit und Deine Geduld, und daß Du die Bösen nicht tragen kannst; und hast versucht die, so da sagen, sie seien Apostel und sind es nicht, und hast sie Lügner erfunden. Und verträgst und hast Geduld, und um meines Namens willen arbeitest du und bist nicht müde geworden. Aber ich habe wider Dich, daß Du die erste Liebe verlässest. Gedenke wovon Du gefallen bist, und thue Buße und thue die ersten Werke. Wo aber nicht, werde ich Dir kommen bald und Dei-

stigen Ephesus und erinnern den Reisenden an das Wort des Dichters:

Nur eine hohe Säule zeugt von verschwundener Pracht,
Auch diese, schon geborsten, kann stürzen über Nacht.

Molche und Eidechsen huschen durch's Gestrüpp, wo einst die lärmende Menschenmenge die weiten Marktplätze füllte, und wo einst das Kreuz Christi funkelte, da schimmert jetzt der Halbmond Mohameds. Wir führen nun den Leser nach

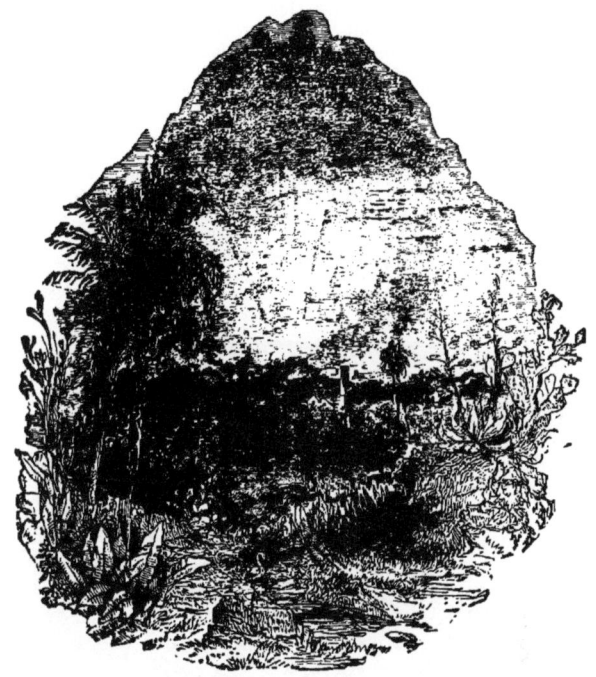

St. Johannes Kirche, Ephesus.

Smyrna.

Diese reichste und blühendste Stadt der Lavante und Hauptverkehrsplatz zwischen Asien und Europa, ist im Hintergrunde des von Bergen umgürteten, herrlichen Smyrnaischen Meerbusens amphitheatralisch um einen steilen, unbewaldeten Berg gelagert, dessen abgestumpfter Gipfel die Ruinen eines Felsenschlosses trägt. Sie mag jetzt 200,000 Einwohner zählen, von denen ein Viertel Mohammedaner sind.

Smyrna wurde bereits im 11. Jahrhundert von den Aeoliern gegründet, und soll dort der Dichter Homer geboren sein, der den Fall Troja's und die Irrfahrten des Ulyssus besang, doch machen sechs andere Städte Smyrna diese Ehre streitig; im Alterthum trug die Stadt zwei schöne Beinamen, man nannte sie „die Krone des Jonischen Städtebundes" und „das Juwel von Asien."

Es ist uns nicht bekannt, welcher von den zwölf Aposteln zuerst nach Smyrna gekommen war, einer von ihnen jedoch hatte daselbst eine christliche Gemeinde gegründet, deren Mitglieder zwar nur unbemittelte, aber dabei fromme, christliche Leute waren. An ihren Prediger richtete Johannes aus Patmos folgende Worte:

„Ich weiß Deine Werke und Dein Trübsal, und Deine Armuth, (Du bist aber reich), und die Lästerung von denen, die da sagen, sie sind Juden, und sind es nicht, sondern sind des Satans Schule. Fürchte Dich vor deren keinem, das Du leiden wirst. Siehe, der Teufel wird etliche von euch in's Gefängniß werfen, auf daß ihr versuchet werdet, und werdet Trübsal haben zehn Tage. Sei getreu bis an den Tod, so will ich Dir die Krone des Lebens geben." Off. 2 9–10.

Aus diesen Worten des Apostels ist ersichtlich, daß die Gemeinde in Smyrna von Heiden und Juden heftige Verfolgungen zu bestehen hatte. Unter denen die dort den Märtyrertod erlitten, war der fromme Bischof Polykarp, der einer der Schüler des Apostels Johannes gewesen und von ihm ums Jahr 104 in Smyrna eingesetzt worden war.

Die Stadt wurde um's Jahr 378 durch ein Erdbeben in einen Trümmerhaufen verwandelt, 700 Jahre später von den Seldschuken und bald darauf von dem Seeräuber Tzachas erobert, und 400 Jahre darauf von Timur vollständig zerstört, gelangte jedoch in Folge der Fortdauer ihres großen Handelsverkehrs immer schnell wieder zu neuer Blüthe. Von der alten Stadt und den herrlichen Kunstschätzen, die einst hier zusammengetragen worden waren, ist leider keine Spur übrig geblieben.—Unser Weg führt uns nun nach

Pergamus.

Diese Stadt lag in der mysischen Landschaft Teuthrania, am Flusse Kraikos, und wurde berühmt als Hauptstadt des Pergamenischen Reiches, wozu Philetäus, ein Statthalter des Lysimachus, um's Jahr 280 v. Chr. den Grund gelegt hatte.

Pergamus war der Sitz einer von Krates aus Mallos gestifteten, grammatischen Schule und besaß eine der werthvollsten Bibliotheken in ganz Klein-Asien. Zahlreiche und prachtvolle Paläste, Bäder, Amphitheater, Fontänen, Bildsäulen und Tempel, unter denen sich besonders das Heiligthum des Asklepius auszeichnete, zierten die Stadt und zeugten von dem Reichthum und der Prachtliebe ihrer Bewohner.

Bald nach Christi Tod wurde in Pergamus eine christliche Gemeinde gegründet, schnell aber erhoben sich, wie vorauszusehen war, unter der im Luxus schwelgenden und dem Götzendienst ergebenen Bevölkerung falsche Lehrer, die das Christenthum mit heidnischen Ansichten und Satzungen vermengten. Wohl blieben einige der Gemeindeglieder treu im Glauben, die Mehrzahl fiel jedoch den falschen Lehrern zu, weßhalb Johannes folgende ernste und drohende Mahnung an die Gemeinde richten mußte:

Ruinen von Ephesus.

„Ich weiß, was Du thust und wo Du wohnst, da des Satans Stuhl ist, und hältst an meinem Namen und hast meinen Glauben nicht verleugnet, auch in den Tagen, in welchen Antipas, mein treuer Zeuge, bei euch getödtet ist, da der Satan wohnet. Aber ich habe ein Kleines wider Dich, daß Du daselbst hast, die an der Lehre Baalams halten, welcher lehrte durch den Balak ein Aergerniß aufrichten vor den Kindern Israel, zu essen der Götzen Opfer......Thue Buße; wo aber nicht, so werde ich dir bald kommen und mit ihnen kriegen durch das Schwert meines Mundes." Offenb. 2, 13–16.

Von dem hier genannten Märtyrer Antipas ist nichts weiteres bekannt, auch läßt sich nicht mit Bestimmtheit angeben, wenn die Stadt in Ver-

fall gerieth; jetzt jedoch ist von Pergamus, wie von so vielen anderen einst blühenden, asiatischen Städten nichts übrig als Ruinen und Trümmerhaufen.

Die Bewohner des kleinen Dörfchens, das sich erhebt, wo einst das Prachtliebende und gelehrte Pergamus stand, zeigen noch heute die Ruinen der Kirche, in der Johannes Botschaft an die Gemeinde verlesen wurde, die Ueberbleibsel der Kirche des Agios Theologos, und des Grabmals des Märtyrers Antipas. Jene Ruinen sind ein lautsprechender Beweis, daß das Schwert, von dem Johannes gesprochen hatte, aus seiner Scheide gefahren ist, und Pergamus mit seinem Luxus und seinen Lästerern vernichtet hat. Die vierte jener sieben Gemeinden, von denen die Offenbarung erzählt, befand sich in

Thyatira.

Dieselbe trägt jetzt den Namen Akhissor, auf Deutsch Weißenfels, und liegt in einer breiten, schönen Ebene, in geringer, südlicher Entfernung vom Flusse Hyllus. An die dortige Gemeinde schrieb Johannes folgende Worte:

"Ich weiß deine Werke, und deine Liebe und deinen Dienst, und deinen Glauben und deine Geduld, und daß du je länger je mehr thust. Offenb." 2, 19.

Dann jedoch geißelt der Apostel in scharfen Worten die Nachsicht, mit der gewisse schlimme Laster in der Gemeinde geduldet wurden, und bedroht die Lasterhaften mit den niederschmetterndsten Strafen.

Dem jetzigen, im ganzen Jahr anmuthigen Thyatira, nähert man sich durch eine lange Allee von Cypressen, Pappeln und anderen Bäumen, hinter denen die schlanken, halbmond gekrönten Thürme mehrerer Moscheen und verschiedene Gruppen malerisch gelegener Wohnhäuser hervorblicken, während sich nach links hin eine lange Kette reizender Hügel erstreckt, deren grüne Abhänge hinunterreichen bis an die Stadt; letztere mag vielleicht 1,000 Familien zählen, von denen 100 zur griechischen und armenischen Kirche halten.

In seiner Botschaft an die Gemeinde von Thyatira spricht der Apostel auch von dem "Weib Jesabel, die da spricht, sie sei eine Prophetin."

Unter dieser Jesebel haben eine Anzahl von Commentatoren eine Sekte verstanden, die sich innerhalb der Gemeinde gebildet hatte, und durch ihre Umtriebe, sowie durch ihr Lasterleben Verderben anrichteten. Trench, jedoch, und andere Bibelforscher, nimmt an, daß diese Jesebel nicht eine Sekte, sondern ein Weib gewesen sei, das, wie die Königin gleichen Namens, (1. Kön. 16, 30-31) durch ihre Schlechtigkeit ruchbar geworden war, und in der jungen Gemeinde Aerger und Unruhe angestiftet hatte. Von Thyatira führt uns der Apostel nach

Sardes.

Diese in Liedern und Legenden viel genannte

Pergamus

Stadt, lag am Flusse Paktolus, unweit der Abhänge des Tmotosgebirges. Hier thronte einst Krösus, der letzte König des lydischen Reiches, dessen Reichthum so unermeßlich war, daß es sprichwörtlich geworden ist. Dieser Krösus war es, der sich dem weisen Solon von Athen gegenüber als den Glücklichsten aller Sterblichen pries und dem Solon antwortete, es sei Niemand vor dem Tode glücklich zu preisen. Nur zu bald sollte Krösus die Wahrheit dieses Ausspruches erfahren, denn im Jahre 542 v. Chr. wurde er von dem Könige Cyrus gefangen genommen und zum Scheiterhaufen verurtheilt.

Auch in dieser Stadt Sardes wurde bald nach Christi Tod eine christliche Gemeinde gegründet; aus der Botschaft des Apostels Johannes an sie ist jedoch ersichtlich, daß das Christenthum der Gemeinde mehr nur etwas Aeußerliches war, und daß es ihren Mitgliedern an ernstem, lebendigem Glauben fehlte. Der Apostel schreibt an sie:

„Ich weiß deine Werke, denn du hast den Namen, daß du lebest und bist todt. So gedenke nun, wie du empfangen und gehört hast und halte es und thue Buße. So du nicht wirst wachen, werde ich über dich kommen wie ein Dieb, und wirst nicht wissen, welche Stunde ich über dich kommen werde." Offenb. 3, 1-3.

Nachdem die Stadt von den Kimmeriern, dann von den Athenern und Joniern und endlich von Antiochus III. zerstört worden war, wurde sie schließlich von Kaiser Tiborius wieder aufgebaut, gerieth jedoch im Mittelalter immer mehr in Verfall, so daß jetzt nur noch geringe Trümmer von ihr in der Nähe des Dorfes Sart erhalten sind. Wir kommen nun zu der sechsten dieser Gemeinden, nämlich nach

Philadelphia.

Diese Stadt lag unweit des Tmolusgebirges und wurde nach ihrem Gründer, Attalus II., benamt, der seiner Menschenliebe wegen den Beinamen Philadelphus erhielt.

Mehrere Male wurde die Stadt durch Erdbeben zerstört, von ihren fleißigen Bürgern jedoch jedes Mal wieder aufgebaut; aber nicht nur wegen ihres Unternehmungsgeistes, sondern auch wegen ihrer Sittenreinheit waren die Einwohner von Philadelphia durch ganz Kleinasien berühmt, und mit solcher Begeisterung wurde in dieser Stadt das Evangelium aufgenommen, daß der Apostel der dortigen Gemeinde in der Offenbarung das wärmste Lob ausspricht. Er sagt von ihr:

„Ich weiß deine Werke. Siehe, ich habe vor dir gegeben eine offene Thür, und Niemand kann sie zuschließen; denn du hast eine kleine Kraft, und hast mein Wort behalten, und hast meinen Namen nicht verleugnet. Dieweil du hast behalten das Wort meiner Geduld, will ich auch dich behalten vor der Stunde der Versuchung, die kommen wird über den ganzen Weltkreis, zu versuchen die da wohnen auf Erden. Wer über-

Thyatira.

windet, den will ich machen zum Pfeiler in dem Tempel meines Gottes, und soll nicht mehr hinausgehen. Und will auf ihn schreiben den Namen meines Gottes und den Namen des neuen Jerusalem, der Stadt meines Gottes, die vom Himmel herniederkommt, von meinem Gott." Offenb. 3, 8–12.

Noch immer steht die Stadt und ist bekannt unter dem Namen Ala-Shehr, d. h. die schöne Stadt. Ihre Bevölkerung besteht aus 15,000 Seelen, von denen ein Zwölftel Christen sind, so daß die christliche Gemeinde dort während der wechselnden Stürme von 1800 Jahren bestanden hat. Ihre Thür ist offen geblieben, und Niemand hat sie schließen können.

Die Ruinen der Kirchen und Tempel des alten Philadelphia sind von ganz besonderem Interesse, und heute noch soll man die Mauern des ehrwürdigen Gebäudes sehen können, in dem einst die erste Christen-Gemeinde ihre Gottesdienste hielt.

Selbst der ungläubige Geschichtsschreiber Gibbon spricht sein Verwundern darüber aus, wie die Worte der Offenbarung in Bezug auf Philadelphia erfüllt worden sind. Die anderen sechs Städte alle sind versunken und vergessen, und das Christenthum ist aus ihnen verschwunden. Nur Philadelphia macht eine Ausnahme und ist der Vernichtung entgangen. Zum Schluß kommen wir nun nach

Sardes.

Laodicea.

Diese Stadt lag vierzig Meilen östlich von Ephesus, und wird die Stätte derselben noch heute dem Reisenden unter dem Namen Eski-Hissar, Altschloß, bezeichnet. Ihre Bewohner waren berühmt wegen ihrer Pflege der Wissenschaften und schönen Künste, und fand das Christenthum unter ihnen schnell Anhänger. Leider jedoch fehlte es ihnen an religiösem Eifer und Begeisterung für die Sache, und erging deßhalb in der Offenbarung folgender schwerer Vorwurf an sie:

„Ich weiß deine Werke, daß du weder kalt noch warm bist. Ach, daß du kalt oder warm wärest! Weil du aber lau bist, und weder kalt noch warm, werde ich dich ausspeien aus meinem Munde. Du sprichst: Ich bin reich und habe gar satt und bedarf nichts; und weißt nicht, daß du bist elend und jämmerlich, arm, blind und bloß. Ich rathe dir, daß du Gold von mir kaufest, das mit Feuer durchläutert ist, daß du

Philadelphia.

reich werdest; und weiße Kleider, daß du dich anthust, und nicht offenbar werde die Schande deiner Blöße. Und salbe deine Augen mit Augensalbe, daß du sehen mögest." Offenb. 3, 15-18.

Noch im Jahre 363 war Laodicea ein so wichtiger Ort, daß daselbst eine große Kirchenversammlung gehalten wurde; in 1255 jedoch fielen die Türken räuberisch über die Stadt her und in 1402 zerstörten sie sie vollständig, so daß nichts als ein wüster Trümmerhaufen davon übrig geblieben ist. Ein Reisender sagt: „Noch über sogar als Ephesus ist Laodicea, die einst gepriesene Stadt; ihre Häuser sind Ruinen, ihre Tempel sind verwüstet und ihr Name ist vernichtet. Die Drohung hat sich vollzogen: Gott hat die Stadt verworfen und die Menschen haben sie verlassen."

Noch immer grünen die Abhänge des Libanon und noch immer strotzen die Thäler des Orontes und des Kaystros von Fruchtbarkeit; aber die Herrlichkeit jener sieben Städte in denen einst die ersten christlichen Gemeinden blühten, und die so reich waren an griechischer Bildung und Wissenschaft, ist vergangen. Ist diese Herrlichkeit auf immer entschwunden, oder wird jenem ganzen Lande, Klein-Asien, noch einmal eine Blüthezeit kommen?

Wir hoffen es. Wohl ist die türkische Regierung nicht im Stande, ihrem Lande in irgend einer Weise aufzuhelfen, sie ist selbst krank und wird bald in ein ewiges Grab sinken. Aber wie einst, der Sonne gleich, Kultur und Christenthum von Osten ausging und den Westen überzog, so wird jetzt der Westen dem Osten den Segen christlicher Kultur, Gesittung und Wissenschaft zurückbringen.

Schon beginnen die Völker des fernen Morgenlandes und des ganzen asiatischen Continentes aus ihrem Jahrhunderte langen Schlummer zu erwachen, und mit Staunen hinzublicken auf die Errungenschaften der westlichen Nationen in allen Gebieten des menschlichen Lebens. Und nicht nur das, sondern ein Land nach dem anderen öffnet unserer Kultur bereitwilligst seine Pforten, und damit werden in jenen Ländern bessere Zustände im religiösen, sittlichen, politischen und gesellschaftlichen Leben einziehen. Die neue Zeit für Asien hat begonnen. China baut eine Flotte von Dampfern. Yokohama erglänzt von zehntausend Gasflammen. Japan erdröhnt unter brausenden Eisenbahnzügen. Syrien sieht mit Verwundern das Dampfroß durch seine Gefilde eisen. Und immer neue Gebiete werden in den magischen Gürtel moderner Anschauungsweisen und moderner Methoden hineinge=

zogen. Auf den Fittigen des Dampfers und der Electricität eilt der Westen dem Osten zu, um ihm die Wohlthaten unserer Civilisation zu bringen. Wenige Jahrzehnte noch,—und die lange Nacht des Semi-Barbarismus im fernen Morgenlande wird dem Frühroth eines neuen Tages weichen. Wenige Jahrzehnte noch,—und der Halbmond wird erbleichen auf Kleinasiens Moscheen und das Christenthum auf's Neue Fuß fassen in jenen Gegenden, die einst vor nun bald zweitausend Jahren die Predigt hörten der ersten Jünger des gekreuzigten Jesu von Nazareth.

"Da heißt's immer, wer das Glück hat, führt die Braut heim! 'n größeres Unglück hätt' ich gar nicht heimführen können!"

"Frau Müller, Sie haben ja eine ganz geschwollene Backe!"—"Ja, mein Mann hat gestern a' bisl zu viel getrunken!"

Herr: "Das Zimmer ist ja der reinste Affenkasten...."—Vermiether: "Na, dann muß Sie's ja ordentlich anheimeln!"

"Ich hoffe, daß Sie als Freund mich auf alle meine Schwächen aufmerksam machen."—"Danke! So 'ner Herkulesarbeit bin ich nicht gewachsen."

Frau: "Erinnerst Du Dich noch des Tages, an dem Du mich auf dem Eise kennen lerntest?"—Mann: "Ja, ja! Wenn's dem Esel zu wohl wird—"

Dienstmädchen (mit dem Teppichklopfer auf einen Teppich schlagend): "August, mein Schatz, Du kannst Dich mal gratuliren, wenn ich Deine Frau bin!"

Hausfrau: "In Ihrem Dienstbuch steht auch, Sie wären nicht treu?"—Auguste: "So, nun fragen Sie einmal meinen Albert, mit dem gehe ich nun schon zehn Jahre."

Dienstmädchen: "Gnädiges Fräulein, macht Ihnen der Herr Lieutenant nicht den Hof?"—Tochter vom Haus: "Welch' impertinente Frage!"—Dienstmädchen: "Nun, ich möchte nur wissen, ob er uns nicht Beide zum Narren hält!"

Räuber (aus dem Gebüsch auf einen einsam lustwandelnden Studenten zutretend) "Halt, junger Herr, es geht nicht anders—wir müssen jetzt alles baare Geld sofort theilen!"—Student: "Mir recht! Wie viel haben Sie denn eigentlich?"

Gast: "Hören Sie, Wirth, die Bröbchen sind auch nicht mehr frisch, die Sie mir da vorgesetzt haben!"—Wirth: "Oho, das hätten Sie mir—vorgestern aber nicht sagen dürfen."

Gast (in einem Bauernwirthshaus): "Da haben Sie, scheint's, zu viel Pfeffer an die Suppe gethan, da schwimmt's ja ganz schwarz."—Wirth (beruhigend): "Bewahre, Euer Gnoden, dos is koa Pfeffer, dos is blos a bissel Dreck!"

Er: "Aber Frau, wie kannst Du nur der Gertrud so alle Unarten hingehen lassen? Sie ist doch nun bald ein erwachsenes Mädchen!" Sie: "Eben d'rum. Was soll ich mich denn plagen und ärgern, damit ein fremder Mann eine gut erzogene Frau bekommt?!"

Die kleine Else befindet sich mit ihrer Mama zum ersten Mal in einer Oper. Plötzlich ergreift sie deren Arm mit den Worten: "Du, Mama, warum schlägt denn der Mann da vorne die Frau oben?"—"Sei still mein Kind, er schlägt sie ja nicht."—"Aber, Mama, warum schreit sie denn so furchtbar?"

Richter: "Sie gestehen selbst zu, in den Laden eingebrochen und die Kasse geöffnet zu haben, wie können Sie daraufhin noch Straffreiheit verlangen?"—Strolch: "Na, Herr Justizrath, es war doch kein Heller in der Kasse, und wo nichts ist, sagt das Sprichwort, hat auch der Kaiser das Recht verloren—können Sie mich da noch strafen?"

Ein Kranker sagte mürrisch zum Arzte: "Herr Doktor, Sie kuriren schon so lange an mir herum, und es hilft Alles nichts; daher bitte ich, die Sache kräftiger anzufassen und das Uebel bei der Wurzel mit einem Schlage zu vernichten."—"Das will ich mit einem Schlage thun," erwiderte der Arzt, erhob den Stock und zerschmetterte mit einem Schlage die Branntweinflasche, die auf dem Seitentische stand.

Ruinen von Laodicea.

W. H. BECKER & Co.

— Im —

Berliner Buchladen

sind zu haben

Deutsche und Englische Bücher

—❖ Aller Arten ❖—

Familien Bibeln,

Gesangbücher,   Musikbücher,   Schulbücher.

Das größte Tapetenlager

in dieser Gegend.

Die schönste Auswahl stets auf Lager.   ☞ Alles wird zu den niedrigsten Preisen verkauft.—Kommt und seht.

W. H. BECKER & CO.

The Favorite Instrument of Canada.

THE BERLIN PIANOS AND ORGANS

These instruments are being received with the greatest delight and satisfaction by the public generally, as being far superior in design, quality, tone and general workmanship to any other now in the market. For catalogues and prices address

THE BERLIN PIANO CO. (L'T'D) BERLIN, ONT.

JOHN FENNELL, BERLIN, ONT.

Eisenwaaren, Eisen und Kohlen.

Dieser Platz ist das Hauptquartier für alle Personen, die erste Klasse Waaren zu niedrigen Preisen kaufen wollen.

FENNELL

hat eine große Auswahl von
Tisch= und Taschenmessern,
Bau=Eisenwaaren,
Arbeiter=Handwerkszeuge,
Eisenwaaren für Kutschen=Fabrikanten
und überhaupt alle Handwerkszeuge, welche von Bauern und dem Publikum im Allgemeinen gebraucht werden.

Schild zur großen Säge.

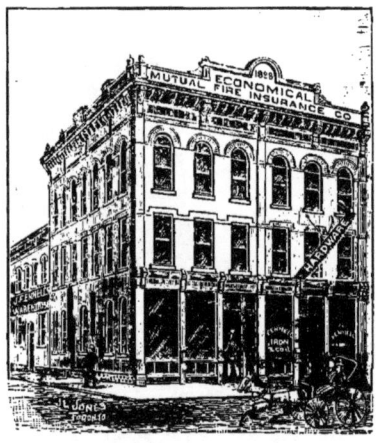

M. GREBENSTEIN,

Walper's neuem Block,
King Street West, BERLIN, Ontario.

Mein Lager von

Stoffen für Herren = Kleider

ist in allen Zweigen vollständig und enthält
Englische Worsteds,
Schottische und
Canadische Tweedstoffe,
und eine große Auswahl aller Sorten
Englischer und Schottischer Rock= und Hosen=Stoffe.

Geschmackvolle und gutpassende Anzüge werden nach der neuesten Mode gemacht.

(Aus Harbach's Harfe.)
DAS ALT SCHULHAUS AN DER KRICK.

Heit is 's 'xāctly zwanzig Johr
    Dass ich bin owwe naus ;
Nau bin ich widder lewig z'rick
Un schteh am Schulhaus an der Krick,
    Juscht neckscht an's Dady's Haus.

Ich bin in hunnert Heiser g'west,
    Vun Märbelstee' und Brick,
Un alles was sie hen, die Leit,
Dhet ich verschwappe eenig Zeit
    For's Schulhaus an der Krick.

Wer mied deheem is, un will fort,
    So loss ihn numme geh'—
Ich sag ihm awwer vorne naus
Es is all Humbuk owwe draus,
    Un er werd's selwert seh' !

Ich bin draus rum in alle Eck',
    M'r macht's jo ewwe so ;
Hab awwer noch in keener Schtadt
Uf e'mol so viel Freed gehat
    Wie in dem Schulhaus do.

Wie heemelt mich do alles a' !
    Ich schteh, un denk, un guck ;
Un was ich schier vergesse hab,
Kummt widder z'rick wie aus seim Grab,
    Un schteht do wie en Schpuck !

Des Krickle schpielt verbei wie's hot,
    Wo ich noch g'schpielt hab dra';
Un unner selle Hollerbisch
Do schpiele noch die kleene Fisch,
    So schmärt wie selli Zeit.

Der Weisseech schteht noch an der Dhier—
    Macht Schatte iwwer's Dach :
Die Drauwerank is ah noch grieh'—
Uns Amschel-Nescht—guk juscht mol hi'
    O was is des en Sach !

Die Schwalme schkippe iwwer's Feld,
    Die vedderscht is die bescht !
Un sehnsht du dort am Giebeleck
'N Haus vun Schtopple un vun Dreck ?
    Sell isch en Schwalme-Nescht.

Die Junge leie allweil schtill,
    Un schlofe alle fescht.
Wart bis die alte kriege Werm
No'd herscht du awwer gross Gelerm—
    Vun Meiler in dem Nescht !

Ja, alles dess is noch wie's war
    Wo ich noch war en Buh ;
Doch anner Dings sin net meh so,
For alles dhut sich ennere do
    Wie ich mich ennere dhu.

Ich schteh wie Ossian in seim Dhal
    Un seh in's Wolkeschpiel,—
Bewegt mit Freed un Trauer—ach !
Die Dhrene kumme wann ich lach !
    Kanscht denke wie ich fiehl.

Do bin ich gange in die Schul,
    Wo ich noch war gans klee';
Dort war 'der Meeschter in seim Schtuhl,
Dort war sei' Wip, un dort sei Ruhl,—
    Ich kann's noch Alles seh'.

Die lange Desks rings an der Wand—
    Die grosse Schieler d'rum ;
Uf eener Seit die grosse Mäd,
Un dort die Buwe net so bleed—
    Guk, wie sie piepe rum !

Der Meeschter watscht sie awwer scharf,
    Sie gewe besser acht :
Dort seller, wo lofletters schreibt
Un seller, wo sei Schpuchte treibt,
    Un seller Kerl wo lacht.

Die Grose un die Kleene all
    Sin unner eener Ruhl ;
Un dess is juscht der rechte Weg :
Wer Ruhls verbrecht der nemmt die Schleg
    Oder verlosst die Schul.

Inwennig, um die Offe rum
    Hocke die kleene Tschäps,
Sie lerne artlich hart, verschteh,
Un wer net wees sei' A B C—
    Sei' Ohre kriege Räpps.

S'is hart zu hocke uf so Benk—
    Die Fiess die schteh'n net uf—
En Mancher kriegt en weher Rick
In sellem Schulhaus an der Krick,
    Un fiehlt gans krenklich druff.

Die arme Drep ! dort hocke se
    In Misserie—juscht denk !
Es is kee Wunner—nemm mei Wort—
Dass se so wenig lerne dort,
    Uf selle hoche Benk.

Das alt Schulhaus an der Krick.
(Winter-Scene.)

Canadischer Familien-Calender.

Mit all was mer so sage kann,
  War's doch en guti Schul ;
Du finscht keen Meeschter so, geh, such—
  Der seifre kann darch's ganze Buch,
  Un schkippt keen eeni Ruhl.

Bees war er ! ja, des muss ich g'schteh ;
  G'wippt hot er numme zu ;
Gar kreislich gute Ruhls gelehrt
Un wer Schleg kriegt hot, hen se g'heert,
  Hot eppes letz gedhu'.

Wan's Dinner war, un Schul war aus,
  Nor'd hot mer gut gefiehlt ;
Dheel is 'n Balle-Gehm gelunge,
Dheel hen mitnanner Rchs g'schprunge,
  Un Dheel hen Sold'scher g'schpielt.

Die grose Mäd hen ausgekehrt—
  Die Buwe nausgeschtaabt !
Zu helfe hen en Dheel pretend,
Der Meeschter hot sie naus gesendt :
  Die Ruhls hen's net erlaabt.

Die kleene Mäd hen ring geschpielt
  Uf sellem Waasum da ;
Wann grose Mäd sin in der Ring—
'S doch en wunnervolles Ding !—
  Sin grose Buwe ah !

Die Grose hen die Grose 'taggt,
  Die Kleene all vermisst !
Wie sin se g'schprunge ab un uf,
Wer g'wunne hot, verloss dich druf,
  Hot dichdiglich gekisst !

Am Chrischdag war die rechte Zeit—
  Oh wann ich juscht dra' denk !
Der Meeschter hen mer naus geschperrt,
Die Dhier und Fenschter fescht gebarrt,
  " Nau, Meeschter, en Geschenk !"

Nor'd hot er awwer hart browirt,
  Mit Fors zu kumme nei';
Un mir hen, wie er hot gekloppt,
'N Schreiwes unne naus geschtoppt,
  "Wan's seinscht dann kannscht du rei !"

Nau hot der Meeschter raus gelänst,
  Gar kreislich schiepisch 'gukt !
Eppel und Keschte un noch meh',
'S war juschtement in fäct recht schee',
  Mir hens mit Luschte g'schluckt.

Oh wu sin nau die Schieler all,
  Wo hawe do gelernt ?
'N Dheel sin weit ewek gereest,
Vum Unglick uf un ab gedscheest,
  Dheel hot der Dodt geärnt !

Mei Herz schwellt mit Gedanke uf,
  Bis ich schier gar verschtick !
Kennt heile, 's dhut m'r nau so leed,
Und doch geht's mir die greeschte Freed,
  Dess Schulhaus an der Krick.

Gut bei ! alt Schulhaus—Echo kreischt
  Gut bei ! Gut bei ! zurick ;
O Schulhaus ! Schulhaus ! muss ich geh',
Un du schtehscht nor'd do all allee',
  Du Schulhaus an der Krick !

Oh horcht, ihr Leit, wo nooch mir lebt,
  Ich schreib eich noch des Schtick :
Ich warn eich, droh eich, gebt doch Acht,
Un nemmt uf immer gut enacht,
  Des Schulhaus an der Krick !

Es giebt zweierlei Arten von Freundlichkeit; die eine ist wie der Staub auf Schmetterlingsflügeln, die Menschengesichter sind gleichsam nur damit gepudert. Die andere trägt die frische Farbe einer herbstlichen Frucht, beweist inwendige Reife und Süßigkeit und erquickt den Durstigen. Menschen, die immer lächeln wenn man sie anredet, und immer glatt sind, wenn man sie auch aufwärts streichelt, solche Menschen haben die Freundlichkeit nur gepachtet, sie ist nur ihr Eigenthum. Aus einem Pachtgut zieht man so viel Nutzen als möglich, und nur der Eigenthümmer meint es ehrlich mit seinem Besitz, ohne eben immer babei auf Vortheil zu sehen.

Im Denken besonnen und klar,
Im Reden offen und wahr,
Im Wollen nur edel und recht,
Im Handeln fest und gerecht;
Im Kampfe das kühnste gewagt,
Und nie in Gefahren verzagt ;
Ohne Hochmuth und Prahlen im Glück,
Den Kopf recht hoch im Mißgeschick ;
Vor Menschen ohne Furcht und Scheu,
Vor Gott voll Ehrfurcht und Treu:
So wünsch' ich, ich sag' es so laut ich kann,
Die deutsche Frau, den deutschen Mann.

DIE ALT MIEHL.

Dort unne in der Waelli an der Krick,
  Sehnscht du 'n Grup vun geele Weide schteh'?
Sehnscht ah 'n Toolhaus un en Tornpeik Brick,
  Wo lange Babble shiesse in die Hoh?
Un sehnscht dorchs Silwer Weidelaab Geschpiel,
  Wann juscht der Wind die Nescht 'n wenig weht—
En alt Gebei, das dort im Schatte kiehl,
  Recht mitte in de geele Weide schteht?
Sell is die gut altfaeshen Kunne-Miehl.

Ihr Dach geboge wie 'n g'sunke Grab,
  Die schwarze Schindle halb gedeckt mit Moos,
Die Wend geschteipert 'sin verschprunge, glaab—
  Ja, werklich, aus der Kraecks wakst frisches Gras.
Die triewe Fenschtre, mit Geweb bedeckt,
  Vun Schpinne Neschter, mache schpukig Licht;
Un wo 'n Scheib verbroche is, dort schteckt
  En alter Hut, der dhut sei' letschte Plicht.
Was doch des ganse Ding Gedanke weckt!

Un schnscht owig der Miehl en Weide Roi?
  Sie schlengelt dort so schrecks am Hiwel hi',
Uf ener Seit die Wiss. Wie schee' im Mai
  Die Vogel singe dort, vergesst m'r nie!
Sell is der Rees. Dort hab ich oft geschpeit
  Mushkrotte, Schlange an de griene Baenks;
Sie leie schlefrig uf der Summer Seit;
  Nor'd wammer se verschreckt, gebt's awer Praenks.
Sie hasse Buwe meh' wie grosse Leit.

Die Miehl! 'n Schtick vom Dach schteht owe naus;
  Dort hengt 'n Schtrick, den lupt m'r an die Seck;
Sell hebt sie schee' vum Wagebett heraus,
  Un heist se haendig in die owere Schteck.
Sell is 'n arg gut Ding—es schft viel Mieh:
  Nau hot der Miller net viel Druwel meh;
Inwennig is es ah gefixt gans nei;
  Der Weeze nau laaft selwer uf die Schteh'
Un 's Mehl kummt unne 'raus vun Kleie frei.

Es is blessirlich in die Miehl zu geh',
  Abbattig wammer warte soll uf's Mehl;
Nor'd hot m'r Zeit un kann recht alles seh',
  Sell is for Buwe als des beschte Dheel.
Dann geht m'r an d'r Damm un fischt en Weil,
  Un macht sich Peife vun de Weide Beem,
Sell macht der Z'rickweg nor'd zur kleene Meil;
  M'r hockt sich uf der Sack un peift sich heem:
Der Gaul kann langsam geh', 's hot jo kee' Eil.

Der Miller war ebant en neiser Mann;
  Er hot eem gern sei' Gaert und Angle g'lehnt,
Un so sei' Messer; ja, ich muss, ich kann
  Geschteh', er hot's mit Buwe gut gemeent
Un ehrlich war er ah, bis uf der Sent.
  Beim Mister Braun war kee' Verdacht,
Sei' Buschel un sei' Toolbox, wie mer's nennt,
  Hen alles gans recht an der Mann gebracht,
Un wie er's g'saat hot, so war's juschtement.

Es war net alsfort so in sellere Miehl!
  So sage ennihau schier alle Leit.
'S muss Eppes dra' sei' for m'r heert gar viel
  Wie's dort g'triewe war in frieherer Zeit.
Es heest, 'n schlechter Mann mit Name Reischt,
  Hot falsch gewoge, falsch gemesse dort!
Un endlich het en schwarzer beeser Geischt,
  Mit Leib un Seel' mol Nachts der Miller fort!
Heer' dess, Betrieger, wo un wer du scischt!

Guk, owe an der Dheer, dort fehlt en Scheib—
  Es heest m'r dhut umsunscht en neies nei'!
Der Reischt hot noch kee' Ruh, un in sei'm G'treib
  Kummt er als Nachts an sellem Scheibloch rei'!
Hab oft mit Wunner an sell Loch gegukt;
  For alle Leit hen fescht geglaabt, dass noch
Der Reischt in seller alte Miehl 'rum schpukt,
  Un aus un ei' geht an dem Scheibeloch!
Die Zeiding hot emol dervu' gedruckt!

Nekscht an der Miehl wohnt noch en alte Fraa,
  (Sunscht heert m'r vun der Sach nau weiters nix)
Sie sagt der Reischt war als noch iwel dra'
  Un dragt am Hals noch zwee grosse Fifty-six!
Er jammert Nachts! un ruft aus—"Tool, Tool Tool!"
  Bald schtosst er aus die schauerlichste Fluch!
Bald bet er—"O mei' Seel, mei' Seel, mei' Sool!"
  Bald kratzt er eppes in seim Ledscherbuch!
Un sagt—"Dess is net mei'! dess haw ich g'schtohl'!"

'S mag sei' wie's will—wer in die Biewel gukt
  Sehnt, dass Betrug am End sei Elend find.
Un wann der Reischt ah in der Miehl net schpukt,
  So biest sei' Seel' doch for sei' wieschte Sind'.
Die Gnade dauert aus die Gnadezeit;
  Un 's geht daher en Weil verleicht recht gut;
Doch endlich treibt's der beese Mensch zu weit!
  Wann er sei' letschte Schtreech Gottloses dhut,
Nor'd kummt die Pein in langer Ewigkeit!

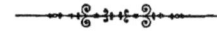

DER KERCHEGANG IN ALTER ZEIT.

Es dhut eem gans vun Herze leed,
  Wann m'r an's Alte denkt;
Nau geht fascht alles iwerzwerg,
  In Land un Stadt, in Haus un Kerch—
M'r fiehlt sich recht gekrenkt.

Denk juscht emol an's Kerche-Geh'!
  Wie war's in alter Zeit?
Darch Hitz un Kelt' darch Schtaab un Schnee,
Is Alles gange, Gross un Klee',
  Rei reich' un arme Leit.

M'r is net jehtig nei gerennt,
  Gekleppert mit de Schuh;
Schee is m'r gange, sacht und bleed,
Im Schtuhl sich leis in Hut gebet,—
  Sell wert nau net gedhu!

In's Lied hot alles ei'geschtimmt—
  Sell Singe war en Freed!
Nau dhut fascht Niemand 's Maul meh uf—
Zum Singe gehn die Bordkerch nuf
  Paar Buwe un Paar Mæd!

Mit Demuth hot m'r zugehorcht
  Was ah der Parre sagt;
Nau sitzt m'r schtoltz wie Dschurymann,
Gukt, wie der Mann doch schwetze kann!
  Un wie er sich betragt!

Die alte Wohrhet hot m'r g'liebt,
  Un selwer angewennt;
Nau denkt m'r als m'r schlæfrig sitzt:
Wie doch der Mann die Sinder schwitzt!
  Er gebt's 'n juschtement!

Un wann m'r in der Sity wohnt,
  Schliesst mer sich an kee Ort:
Wo juscht en grosser Schwetzer brillt,
Do werd gewiss die Kerch gefüllt,
  Un unser eens is dort!

Was Hutlerei! Was Hutlerei!
  Die Leit hen leichte Kepp;
'S is alles leer—kee Saft, kee' Salz,
'N Brote' ohne G'schmack und Schmalz,
  'N schlappiges Geschlepp!

C. SCHNEUKER,
Photograph,
BERLIN, ✦ Ontario.

Alle Sorten Photographischer Arbeit
werden in der besten Weise ausgeführt.

Derselbe scheut weder Zeit noch Geld, um immer die besten Resultate zu erzielen. Da er vieljährige Erfahrung in der photographischen Kunst hat, so wird man finden, daß er Jeden in befriedigender Weise bedienen wird.

☞ Abnehmen von alten Photographien oder Ambrotypen, sowohl groß wie klein, wird in großem Maßstabe gethan.

The Dominion Life Asssurance Company,

HEAD OFFICE - Waterloo, Ont.

Authorized Capital, - $1,000,000	Subscribed Capital, - $252,600
Gov't Deposit at Ottawa, - $50,000	Paid up Capital, - - $63,150

THOS. HILLIARD,	JAMES TROW, M. P.,	P. H. SIMS,
Managing Director.	President.	Vice-President.

ENDOWMENT AT 70.

Endowment Assurance at a slight advance on Ordinary Life Rates.
These Policies are non-forfeitable and incontestable after two annual payments.
Tis plan of Assurance, since its introduction, by the Dominion Life Assurance Company, has met with much favor. Its peculiar advantages are:
1. A low premium, practically an all life rate.
2. The application of profits (allotted every five years from date of Policy) to shorten the endowment term.
3. No forfeiture possible, after two annual payments.
4. The policy is self-extending, that is in case of failure to pay the third or any subsequent premium on time, the policy does not lapse forthwith as in many other companies, but the insurance is continued till the RESERVE is exhausted. Thus to a person joining at age of thirty and paying premiums for five years, the extension would be four years and two months more, giving over nine years insurance for five premiums.
5. The policy is almost unconditional as to travel or occupation.

Vier große Arzneimittel.

Dr. BERGMANN'S
Deutsches Kopfweh-Pulver.

Ein vollkommen zuverlässiges Mittel gegen das schlimmste Kopfweh. Augenblickliche Erleichterung garantirt.

Dies Präparat bewirkt die wunderbarsten Resultate, und kann, ungleich andern Kopfweh-Mitteln, mit der größten Zuversicht bei einem Kinde angewandt werden. Dasselbe enthält weder Antipyrien noch Opiat, man braucht daher keine Furcht zu haben, daß eine Ueberdose schädlich werden möchte. Bei Anfällen von Grippe hat das **Deutsche Kopfweh-Pulver** wunderbare Wirkung gethan, und gegen Kopfweh, Blutandrang, nach dem Kopfe, Schwindel und appoplektische Neigungen, steht es unübertroffen da. **Der Preis ist einen Dollar die Schachtel.**

Vandalin.

Eines von Madam Amusatte's berühmten Toilet-Präparaten, welches überflüssiges Haar sicher entfernt.

Es zerstört wirklich alles Wachsthum, indem es die fernere Absonderung der Haarsubstanz verhindert. **Vandalin** löset das Haar auf bis in seine Wurzel, und zwar ohne den geringsten Reiz oder Verletzung auch der zartesten Haut. Es enthält nichts von schädlicher Natur, und ungleich ähnlichen Präparaten, bedarf es nicht der Beihilfe von Oel oder anderer Erweichungsmittel, um den Nacheffect zu verhüten.

Damen werden dieses Vandalin als ein sehr probates Haarentfernungs-mittel finden. Preis einen Dollar die Flasche.

Crem de Venus.

Madam Amusatte's berühmtes französisches Schönheits-Mittel.

Dies hat nicht seines Gleichen als Verschönerungsmittel der Gesichtsfarbe, indem es die Sommerflecken, Lohe, Braunflecken und ähnliche Hautflecken entfernt. Das **Crem de Venus** ist keine Schminke, sondern ein Heilmittel, das Abends angewandt und Morgens abgewaschen wird. Es enthält keine Giftstoffe, noch andere schädliche Dinge. Im Gegentheil, da wo die Haut durch den Gebrauch von giftigen Präparaten verletzt ist, versetzt dies Crem de Venus dieselbe wieder in einen gesunden und normalen Zustand. Ein Versuch mit diesem Toilet-Artikel wird auch die Zweifelhaftesten überzeugen, daß es alle Eigenschaften enthält, die ihm zugeschrieben werden. Damen, welche eine reine, schöne Gesichtsfarbe erhalten wollen, werden an diesem Präparate einen sichern Freund finden. **Preis einen Dollar per Topf.**

Madam Amusatte's Simsonin.

Dieses Präparat wird jetzt als das beste und zuverlässigste Haarwuchsmittel in der Welt anerkannt. Der mäßige Gebrauch dieses Toilet-Artikels erzeugt ein luxuriöses Wachsthum des Haares auf dem kahlesten Schädel. Es belebt die Thätigkeit der Drüsen, befreit den Kopfhaut von Grind und verhindert absolut die Kahlköpfigkeit und das Ausfallen der Haare. Es heilt lästige Ausschläge des Kopfes und hält die Haut rein und gesund. Ein Versuch wird empfohlen. Als Haarwuchsmittel hat sich dies Simsonin da bewährt, wo alle anderen Mittel nicht geholfen haben. **Preis einen Dollar die Flasche.**

Verlangt bei Euren Apothekern die obengenannten Präparate oder schickt den Betrag an

Berlin Chemical Co.,
BERLIN, Ontario.

C. Kranz & Sohn,
BERLIN, Canada,
das älteste deutsche

Passage- und Wechselgeschäft
in Canada.

Wechsel auf alle Hauptplätze Deutschlands, der Schweiz, Italiens und Frankreichs.

Geldauszahlungen
besorgt in jedem Ort Europas. Erhebung von Geldern und Erbschaften auf Vollmacht oder Wechsel.
Passage Beförderung von und nach Europa.

Agenten der
Hamburg Amerik. Packetfahrt Gesellschaft,
Norddeutschen Lloyd,
Bremen-Rotterdam-Linie,
Red Star Linie,
Allen Linie.
Schriftliche Anfragen pünktlich beantwortet.

Die Canadian
Bank of Commerce.
Etablirt 1867.

Haupt Office, - Toronto.

Kapital (bezahlt):
Sechs Millionen Dollars............$6,000,000.
Rest..............................$ 900,000.

Berliner Zweig.
Bankgeschäfte jeder Art vollstreckt. Farmers' Noten diskontirt.
Wechsel ausgestellt, zahlbar auf allen Plätzen in Canada und Hauptstädten der Ver. Staaten, England, Frankreich, Bermuda, u. s. w.

Die Spar-Bank.
$1 und aufwärts angenommen, und Interessen nach jetzigen Raten erlaubt.
Interessen zum Kapital gerechnet Ende Mai und November jeden Jahres.

Der Kollektion von Geldern und Wechsel von Bauern, „Farmers' Sales Notes," wird besondere Aufmerksamkeit gewidmet.

D. B. Dewar, Geschäftsführer.

Berliner Kohlen-Depot.

Grand Trunk Station.

Die Unterzeichneten können dieses Jahr mit ausgezeichneten

Scranton-Kohlen
und anderen Sorten verschiedener Größen aufwarten, und verkaufen dieselben zu den

Möglichst niedrigen Preisen
an pünktlich zahlende Kunden. Macht bei Zeiten eure Bestellungen in R. D. Lang & Co's Laden, Berlin; oder
J. Conrad's Laden, Waterloo.

Telephon-Verbindung.

Klöpfer & Co.
King Straße, Berlin.

Gies, Wolfhard & Co.
(J. Fennell's früherer Platz)

Canadian Block : Berlin, Ont.

Oefen und Eisenwaaren
in großer Auswahl,

Luft- u. Wasserheizungsapparate.
Besondere Aufmerksamkeit wird verwendet auf

Dachdecken und Dachrinnen,
Plumbing, Gas- und Wasserröhren.

Granitwaare,
Eisschränke, Eisrahm-Gefrierer, Messer und Gabeln, u. s. w.

in großer Auswahl an Hand und zu sehr billigen Preisen.

Gies, Wolfhard & Co.
Kingstr., Berlin, Ont.